coleção primeiros passos 8

Teixeira Coelho

O QUE É INDÚSTRIA CULTURAL

editora brasiliense

1ª edição, 1980
21ª edição, 2006
23ª reimpressão, 2013

Dados Internacionais de Catalogação na Publicação (CIP)
(Câmara Brasileira do Livro, SP, Brasil)

Coelho, Teixeira
O que é indústria cultural / Teixeira Coelho. - São Paulo : Brasiliense, 2006. - - (Coleção primeiros passos ; 8)

21ª reimpr. da 1ª ed. de 1980

1. Comunicação de massa – Aspectos sociais
2. Comunicação de massa – Aspectos sociais – Brasil
3. Cultura 4. Cultura popular
I. Título. II. Série.

06-0677 CDD- 306. 4

Índices para catálogo sistemático:
1. Cultura : Sociologia 306.4
2. Indústria cultural : Sociologia 306.4

Editora Brasiliense Ltda.
Rua Antônio de Barros, 1839 - Tatuapé
CEP 03401-001 - São Paulo - SP
www.editorabrasiliense.com.br

ÍNDICE

INDÚSTRIA CULTURAL, CULTURA INDUSTRIAL

O grande debate sobre a indústria cultural gira, sempre, ao redor de questões de ética: os produtos da indústria cultural são bons ou maus para o homem, adequados ou não ao desenvolvimento das potencialidades e projetos humanos? Por mais que se diga ser simplista a colocação do problema em termos de "bom" ou "mau", é assim que ele se colocou desde o início e é sob esse ângulo que as pessoas ainda o encaram. Trata-se de uma questão demasiadamente impositiva para ser posta de lado sem maiores considerações. Diante desta, as questões de outra ordem (estéticas, lógicas, etc.) perdem em vitalidade. A "indústria cultural" é um daqueles objetos de estudo que se dão a conhecer para as ciências humanas antes por suas qualidades indicativas, ou aspectos exteriores, do que por sua constituição interior, estrutural. E um desses traços indicativos é exatamente o da ética posta em prática por essa indústria. Este será, portanto, o ângulo de abordagem, a linha de investigação que orientará este trabalho de exposição dos aspectos centrais da indústria cultural. A questão que no fundo se coloca a respeito dessa indústria é "o que fazer" com ela — questão essencialmente ética. E é para uma resposta a essa questão que se procurará apontar aqui.

Indústria cultural, meios de comunicação de massa, cultura de massa

Uma porta de entrada para o assunto pode ser o das relações existentes entre a "indústria cultural", os "meios de comunicação de massa", e a "cultura de massa", expressões hoje comuns e que fazem parte obrigatória de todo discurso sobre esta área. À primeira vista, essas expressões tendem a colocar-se como sinônimas, ou parecem apresentar-se de tal modo que, quando uma é mencionada, as duas outras se seguem automaticamente. Não é assim. Vejamos as relações entre "meios de comunicação de massa" e "cultura de massa". Tal como esta é hoje entendida, para que ela exista é necessária a presença daqueles meios; mas a existência destes não acarreta a daquela cultura. A invenção dos tipos móveis de imprensa, feita por Gutenberg no século XV, marca o surgimento desses meios — ou, pelo menos, do protótipo desses meios. Isso não significa, porém, que de imediato passe a existir uma cultura de massa: embora o meio inventado pudesse reproduzir ilimitadamente os textos da época, o consumo por ele permitido era baixo e restrito a uma elite de letrados.

A indústria cultural só iria aparecer com os primeiros jornais. E a cultura de massa, para existir, além deles exigiu a presença, neles, de produtos como o romance de folhetim — que destilava em episódios, e para amplo público, uma arte fácil que se servia de esquemas simplificadores para traçar um quadro da vida na época (mesma acusação hoje feita às novelas de TV). Esse seria, sim, um produto típico da cultura de massa, uma vez que ostentaria um outro traço caracterizador desta: o fato de não ser feito por aqueles que o consumiam.

Para ter-se uma cultura de massa, na verdade, outros produtos deveriam juntar-se a esses dois, formando um sistema: o teatro de revista (como forma simplificada e massificada do teatro), a opereta (idem em relação à ópera), o cartaz (massificação da pintura) e assim por diante — o que situaria o aparecimento da cultura de massa na segunda metade do século XIX europeu.

Não se poderia, de todo modo, falar em indústria cultural num período anterior ao da Revolução Industrial, no século XVIII. Mas embora esta Revolução seja uma condição básica para a existência daquela indústria e daquela cultura, ela não é ainda a condição suficiente. É necessário acrescentar a esse quadro a existência de uma economia de mercado, isto é, de uma economia baseada no consumo de bens; é necessário, enfim, a ocorrência de uma sociedade de consumo, só verificada no século XIX em sua segunda metade — período em que se registra a ocorrência daquele mesmo teatro de revista, da opereta, do cartaz.

Assim, a indústria cultural, os meios de comunicação de massa e a cultura de massa surgem como funções do fenômeno da industrialização. É esta, através das alterações que produz no modo de produção e na forma do trabalho humano, que determina um tipo particular de indústria (a cultural) e de cultura (a de massa), implantando numa e noutra os mesmos princípios em vigor na produção econômica em geral: o uso crescente da máquina e a submissão do ritmo humano de trabalho ao ritmo da máquina; a exploração do trabalhador; a divisão do trabalho. Estes são alguns dos traços marcantes da sociedade capitalista liberal, onde é nítida a oposição de classes e em cujo inte-

rior começa a surgir a cultura de massa. Dois desses traços merecem uma atenção especial: a reificação (ou transformação em coisa: a coisificação) e a alienação. Para essa sociedade, o padrão maior de avaliação tende a ser a coisa, o bem, o produto; tudo é julgado como coisa, portanto tudo se transforma em coisa — inclusive o homem. E esse homem reificado só pode ser um homem alienado: alienado de seu trabalho, que é trocado por um valor em moeda inferior às forças por ele gastas; alienado do produto de seu trabalho, que ele mesmo não pode comprar, pois seu trabalho não é remunerado à altura do que ele mesmo produz; alienado, enfim, em relação a tudo, alienado de seus projetos, da vida do país, de sua própria vida, uma vez que não dispõe de tempo livre, nem de instrumentos teóricos capazes de permitir-lhe a crítica de si mesmo e da sociedade.

Nesse quadro, também a cultura — feita em série, industrialmente, para o grande número — passa a ser vista não como instrumento de livre expressão, crítica e conhecimento, mas como produto trocável por dinheiro e que deve ser consumido como se consome qualquer outra coisa. E produto feito de acordo com as normas gerais em vigor: produto padronizado, como uma espécie de *kit* para montar, um tipo de pré-confecção feito para atender necessidades e gostos médios de um público que não tem tempo de questionar o que consome. Uma cultura perecível, como qualquer peça de vestuário. Uma cultura que não vale mais como algo a ser *usado* pelo indivíduo ou grupo que a produziu e que funciona, quase exclusivamente, como valor de troca (por dinheiro) para quem a produz.

Esse é o quadro caracterizador da indústria cultural: revolução industrial, capitalismo liberal, economia de mercado, sociedade de consumo. E esse, o momento histórico do aparecimento de uma cultura de massa — ou, pelo menos, o momento pré-histórico. É que, de um lado, surgem como grandes instantes históricos dessa cultura os períodos marcados pela Era da Eletricidade (fim do século XIX) e pela Era da Eletrônica (a partir da terceira década do século XX) — quando o poder de penetração dos meios de comunicação se torna praticamente irrefreável. E, por outro lado, na medida em que a cultura de massa está ligada ao fenômeno do consumo, o momento de instalação definitiva dessa cultura seria mesmo o século XX, onde o capitalismo não mais dito liberal mas, agora, um capitalismo de organização (ou monopolista) criará as condições para uma efetiva sociedade de consumo cimentada, em ampla medida, por veículos como a TV. Está claro que essa sociedade de consumo se realiza mais no Primeiro Mundo (EUA, Alemanha, Japão, Inglaterra, etc.) do que no Segundo (os países socialistas) e no Terceiro Mundo (os subdesenvolvidos). Nestes dois últimos, o consumo existe antes como valor ainda a alcançar, como meta ainda irrealizada; mesmo assim, ele orienta a organização da sociedade, tendendo a fazê-lo segundo os moldes das sociedades do Primeiro Mundo — razão pela qual todos esses traços típicos da indústria cultural (e seu produto, a cultura de massa) nos países desenvolvidos acabam por aparecer em linhas gerais, na análise do mesmo fenômeno nas demais regiões.

Cultura superior, cultura média, cultura de massa

Sociedade de consumo, alienação e reificação, produtos culturais impregnados de uma cultura simplificada: estas ainda não são, no entanto, características suficientes para a descrição da indústria cultural. Costuma-se introduzir nesse quadro de análise um elemento mais especificamente cultural, por assim dizer, um eixo cujos pólos opostos são a cultura dita superior e a própria cultura de massa.

Estudar os fenômenos ligados à indústria cultural sob o prisma dessa oposição constitui uma espécie de pecado original que pesa sobre a quase totalidade da teoria crítica da indústria cultural, impedindo que se enxergue nitidamente o objeto estudado e produzindo uma seqüência de conceitos-fetiche, isto é, de idéias presas muito mais à mente do pesquisador do que ao tema pesquisado.

No entanto, dada a insistência com que esse eixo ainda se apresenta nas discussões sobre a indústria cultural, não se pode evitar de colocá-lo em cena, aproveitando-se para apontar suas falhas.

Um dos caminhos, para se entrar nessa discussão, é o aberto por Dwight MacDonald que fala na existência de três formas de manifestação cultural: superior, média e de massa (subentendendo-se por cultura de massa uma cultura "inferior"). A cultura média, do meio, é designada também pela expressão *midcult,* que remete ao universo dos valores pequeno-burgueses; e a cultura de massa não é por ele chamada de *mass culture* mas sim, pejorativamente, de *masscult* — uma vez que, para ele, não se trataria nem de uma cultura, nem de massa.

Não é difícil saber o que abrange o rótulo *cultura superior:* são todos os produtos canonizados pela crítica erudita, como as pinturas do Renascimento, as composições de Beethoven, os romances "difíceis" de Proust e Joyce, a arquitetura de Frank Lloyd Wright e todos os seus congêneres. Também não é complicado identificar os produtos da *midcult:* são os Mozarts executados em ritmo de discoteca; as pinturas de queimadas na selva que se pode comprar todos os domingos nas praças públicas; os romances de Zé Mauro de Vasconcelos, com sua linguagem artificiosa e cheia de alegorias fáceis, daquelas mesmas que as escolas de samba fazem desfilar todos os anos na avenida; as poesias onde pulula um lirismo de segunda mão e de chavões; as fachadas das casas que, pelo interior adentro, reproduzem, desbastadamente, o estilema (isto é, o traço central do estilo) do Palácio da Alvorada. E os exemplos poderiam continuar indefinidamente, segundo a memória e a imaginação de cada um.

Já quando se tenta catalogar os produtos típicos da *masscult,* a facilidade não é a mesma. Antes de mais nada, há um equívoco em que geralmente se incorre: o fato de a cultura fornecida pelos meios de comunicação de massa (rádio, TV, cinema) vir comparada com a cultura produzida pela literatura ou pelo grande teatro, quando deveria ser relacionada com a cultura proveniente desses outros grandes meios de comunicação de massa que são a moda, os costumes alimentares, a gestualidade, etc. Superada essa barreira, surgem as outras dificuldades. Por exemplo, nos anos vinte e trinta, as histórias em quadrinhos puderam ser classificadas, por MacDonald e seus amigos, como sendo um produto típico da *masscult.* Hoje esse conceito não é tão pacífico assim. Muitos dos que conheceram Flash Gordon ou Little Nemo (mais recentemente: Jacovitti) não aceitam o rótulo de *masscult* para esses produtos, embora reconheçam que ele vai muito bem para coisas como Batman e Pato Donald. De igual modo, se mesmo fãs das telenovelas reconhecem seu caráter degradado, os admiradores do *rock* jamais chamariam de *masscult* uma forma musical que já teve um caráter contestatório.

E a confusão prossegue. Mozart segundo a orquestra de Waldo de Los Rios é *midcult* na medida em que tenta fazer-se passar por cultura "boa", quando de fato não é mais que uma hilariante paródia (o que poderia ser interessante, não fosse a intenção de vender gato por lebre), uma falsificação utilizada pela indústria cultural para fazer tilintar suas caixas registradoras. Como Ray Coniff. Mas se esse mesmo produto passa a ser explorado pela TV, já não se tem um caso de *masscult?* Esse Mozart solúvel em arranjos de rumba poderia assim participar das duas categorias conforme o meio utilizado em sua divulgação.

A dificuldade na distinção entre essas formas culturais continua quando se pretende estabelecer uma relação entre elas e as classes sociais. Ainda hoje se tenta defender a tese segundo a qual os produtos da cultura superior são de fruição exclusiva da classe dominante. Nada mais longe dessa idéia, no entanto, do que um operário (suposto consumidor de *masscult*) capaz de encontrar sua cota de satisfação estética na audição de um Beethoven num Teatro Municipal franqueado ao grande público. Do outro lado do muro, um so-

ciólogo ou um grande escritor pode ter sua parte de satisfação com a *Jornada nas estrelas* da TV ou com um filme qualquer de catástrofe, típicos da *masscult.* Isto significa que as formas culturais atravessam as classes sociais com uma intensidade e uma freqüência maiores do que se costuma pensar. Maiakovski sempre acreditou que o povo podia ser um consumidor da arte de experimentação vulgarmente chamada de elite — e acreditou nisso até que a burocracia stalinista levou-o à morte.

Mesmo procurando considerar a validade cultural de um produto independentemente de seu consumo por uma classe social em particular, a tarefa de rotulação não é tranqüila. Uma história em quadrinhos como a do *Minduim* tem seu indiscutível valor cultural. É o caso também, ainda no mundo da história em quadrinhos, de Quino e sua *Mafalda;* ou do italiano Altan; e de Wolinski. Ou mesmo de *Valentina,* apesar de seus toques de *midcult* (a observação vale ainda para *Metal Hurlant* ou *Heavy Metal*). Do mesmo modo, não é possível, hoje, alguém dizer que as músicas e letras dos Beatles são mero refugo estético. A respeito, deve-se lembrar que freqüentemente, na história, a passagem de um produto cultural de uma categoria inferior para outra superior é apenas questão de tempo. É o caso do *jazz,* que saiu dos bordéis e favelas negras para as platéias brancas dos teatros municipais da vida. Muita gente boa disse e repetiu que os textos de Oswald de

Andrade não passavam de brincadeira de criança, cultura inferior, debochada... *masscult* da época.

Se se assume uma posição antidogmática, não é fácil distinguir com nitidez entre *midcult* e *masscult*. E entre ambas e a cultura superior. Talvez, porém, as coisas fiquem um pouco mais claras se se retornar a MacDonald e assentar de vez a discussão naquele mesmo juízo de valor presente no começo desta descrição. Observava MacDonald que, da distinção entre os níveis culturais, não se devia concluir por uma moção de censura contra a cultura de massa e a indústria cultural pelo fato de serem responsáveis por produtos de pouco ou nenhum valor cultural. Devia-se era reprovar essa mesma indústria cultural e a *midcult* por explorarem propostas originárias da cultura superior, apresentando-as de modo a fazer com que o público acredite estar consumindo obras de grande valor cultural, como ocorre com filmes como *Love Story*, ou com a pasteurização da música dita clássica ou com os romances tipo classe média. A autêntica *masscult*, sob esse aspecto, seria grossa mas sincera e sem segundas intenções (como um programa dos Trapalhões), mas a *midcult* seria a cultura desse equivalente ao "novo-rico" que é o "novo-culto". Talvez fosse até possível dizer que a *masscult* teria, em sua banalidade, uma força e uma motivação histórica profundas, responsáveis por um dinamismo capaz de fazê-la romper as barreiras de classe sociais e culturais e colocar as

bases de uma instável, precária e discutível mas democrática comunidade cultural. Uma comunidade desinteressada de referir-se o tempo todo à cultura superior, ao contrário do que ocorre com a *midcult*, e por isso mesmo capaz, eventualmente, de vir a produzir sua forma de cultura superior.

Nessa perspectiva, é a *midcult* que surge como subproduto da indústria cultural. Nesse processo, ela se diferencia da *masscult*: *a)* por tomar emprestado procedimentos da cultura superior, desbastando-os, facilitando-os; *b)* por usar esses procedimentos quando eles já são notórios, já foram "consumidos"; *c)* por rearranjá-los, visando à provocação de efeitos fáceis; *d)* por vendê-los como cultura superior e, por conseguinte, tentar convencer o consumidor de que teve uma experiência com a "verdadeira cultura", num processo que o tranqüiliza e que substitui, em sua mente, outras inquietações e indagações que possa ter.

Seria o caso de lembrar, porém, que as atuais sociedades do grande número, se desejarem caminhar de fato para uma democracia em todos os domínios (incluindo o cultural), talvez não possam pôr de lado a idéia de que a cultura, hoje, como produto e enquanto produto, não pode evitar ou não precisa evitar o modelo industrial pelo menos sob alguma de suas formas — e com algumas de suas inconveniências.

Cultura popular e cultura pop

Foi dito que a oposição entre cultura superior e de massa é considerada imprescindível para a caracterização da indústria cultural. Mas parece inevitável, também, que se estabeleça um confronto entre a cultura de massa e a cultura popular — propondo-se entre ambas um relacionamento de subordinação e exclusão quando, na verdade, deveriam ser entendidas em termos de complementação. É que muitos não conseguem entender que a cultura popular é uma das fontes de uma cultura nacional, mas não *a* fonte, não havendo razão para usá-la como escudo num combate contra a cultura de massa, dita também cultura pop (denominação que se pretende pejorativa). Para esses, a cultura popular (a soma dos valores tradicionais de um povo, expressos em forma artística, como danças e objetos, ou nas crendices e costumes gerais) abrange todas as verdades e valores positivos, particularmente porque produzida por aqueles mesmos que a consomem, ao contrário do que ocorre com a pop. Este traço da produção pelo próprio grupo (caracterizando o valor de uso da cultura) é positivo — mas insuficiente para justificar a defesa da popular contra a pop. Há um outro componente fundamental para a existência de uma forma cultural adequada: o traço da recusa, da negação, da contestação às normas e valores estabelecidos. E se esse traço inexiste na maior parte da produção pop, ele está igualmente ausente da cultura popular, marcada pela tendência para o não questionamento. De fato, a cultura popular embora possa ser útil em seu papel de fixação e auto-reconhecimento do indivíduo dentro do grupo, não questiona sequer a si mesma, seus próprios processos e arranjos formais — necessitando por isso, para manter-se dinâmica, da complementação de fontes como a própria cultura pop. Mesmo porque, deixando de considerar como produção cultural pop apenas aquela formalmente parecida com as formas culturais clássicas (filmes para TV, *best-sellers*) e pensando nesses meios de veiculação da cultura pop por excelência que são a moda ou a gestualidade, por exemplo, é fácil verificar que essa manifestação cultural pode tingir-se até mesmo com os tons da "subversão". É o que acontece com a influência exercida por certas tendências da moda sobre os costumes em geral e o processo de liberação da mulher em particular.

Observe-se que ainda hoje uma parte considerável da sociedade (incluindo-se, surpreendentemente, muitos teóricos da cultura) comporta-se perante os produtos da cultura pop do mesmo modo como a sociedade de algumas décadas atrás se portou diante, exatamente, da arte pop. Com que horror foram recebidas as primeiras imagens de uma garrafa de coca-cola ou de um posto de gasolina pintadas ali onde antes figuravam apenas os "grandes temas" da arte! Foi fácil esquecer, então, que se Rembrandt pintava um grupo de comerciantes ao redor de uma mesa num ambiente claro-escuro era porque aquela era a realidade de sua época — cuja contrapartida atual será, por exemplo, um grupo de mecânicos e frentistas reunidos num posto de gasolina ao redor de um caminhão Ford. Negar esta visão e a cultura dela decorrente é querer amputar a vida contemporânea de parte importante de seus momentos significativos. E querer continuar preso aos modelos do passado. Sob este aspecto, é perfeitamente possível pensar numa aliança entre a própria cultura popular e os veículos da cultura pop, que são os da indústria cultural. Naturalmente, para tanto é necessário pôr de lado uma série de preconceitos relativos aos produtos da cultura pop, bem como não confundir o veículo cultural com a ideologia que rege seu uso — e a linguagem do veículo com a da ideologia, bem como a *realidade de uso* com as *possibilidades de uso* do veículo. No segundo capítulo deste trabalho se tentará destrinchar alguns fios dessa meada.

Funções da cultura de massa; a cultura industrializada

O quadro da indústria cultural acima esboçado já inclui algumas das funções exercidas por ela

através de seu produto que é a cultura de massa. No entanto, considerando-se que o núcleo do discurso acusatório contra a indústria cultural está ocupado pelo problema da alienação provocada em seus "clientes", cabe percorrer brevemente alguns dos principais efeitos mais propriamente sociais da cultura de massa.

Assim, e partindo do pressuposto (aceito a título de argumentação) de que a cultura de massa aliena, forçando o indivíduo a perder ou a não formar uma imagem de si mesmo diante da sociedade, uma das primeiras funções por ela exercida seria a narcotizante, obtida através da ênfase ao *divertimento* em seus produtos. Procurando a diversão, a indústria cultural estaria mascarando realidades intoleráveis e fornecendo ocasiões de fuga da realidade. A expressão "manobra de diversão" não significa exatamente uma manobra de desviar do caminho certo? O divertimento, nessa moral empedernida defendida muitas vezes por pessoas curiosamente ditas libertárias, apresenta-se assim como inimigo mortal do pensamento, cujo caminho seria supostamente o da seriedade. A este assunto se voltará no próximo capítulo.

Por outro lado, com seus produtos a indústria cultural pratica o *reforço das normas sociais*, repetidas até a exaustão e sem discussão. Em conseqüência, uma outra função: a de *promover o conformismo social*. E a esses aspectos centrais do funcionamento da indústria cultural viriam somar-se outros, conseqüência ou subprodutos dos primeiros: a indústria cultural fabrica produtos cuja finalidade é a de serem trocados por moeda; promove a deturpação e a degradação do gosto popular; simplifica ao máximo seus produtos, de modo a obter uma atitude sempre passiva do consumidor; assume uma atitude paternalista, dirigindo o consumidor ao invés de colocar-se à sua disposição.

Do lado da defesa da indústria cultural está inicialmente a tese de que não é fator de alienação na medida em que sua própria dinâmica interior a leva a produções que acabam por beneficiar o desenvolvimento do homem. A favor desta idéia lembra-se, por exemplo, que as crianças hoje dominam muito mais cedo a linguagem graças à veículos como a TV — o que lhes possibilitaria um domínio mais rápido do mundo. Citam-se ainda exemplos como o da moda, já abordado, capaz de a longo prazo promover alterações positivas no comportamento moral, ético, dos indivíduos.

Diz-se ainda, com base na dialética de Engels, que o acúmulo de *informação* acaba por transformar-se em *formação* (a quantidade provoca alterações na qualidade). Ou que a indústria cultural pode acabar por unificar não apenas as nacionalidades mas, também, as próprias classes sociais. E, ainda, que a cultura de massa não ocupa o lugar da cultura superior ou da popular, apenas criando para si uma terceira faixa que complementa e vitaliza os processos das culturas tradicionais (exemplos nas contribuições da pop art para a pintura e as da TV para o cinema, e as da TV e do cinema para o teatro e a literatura).

A indústria cultural aceita bem ambos esses tipos de argumentação, aquele a favor e o contrário. Na verdade, a determinação dos poderes reais de alienação ou revelação através dessa indústria só é possível mediante uma análise mais profunda e sistematizada como a que se indicará no próximo capítulo.

Seria conveniente propor também que, ao invés de *cultura de massa*, essa cultura fosse designada por expressões como *cultura industrial* ou *industrializada*.

Com isso seriam contornados, pelo menos, problemas metodológicos decorrentes da inexistência, ainda hoje, de um esquema teórico capaz de determinar exatamente o conteúdo do conceito de *massa*. Não se sabe bem o que é *massa*. Ora é o povo, excluindo-se a classe dominante. Ora são todos. Ou é uma entidade digna de exaltação, à qual todos querem pertencer; ou um conjunto amorfo de indivíduos sem vontade. Pode surgir como um aglomerado heterogêneo de indivíduos, para alguns autores, ou como entidade absolutamente homogênea para outros. O resultado é que o termo "massa" acaba sendo utilizado quase sempre conotativamente quando deveria sê-lo denotativamente, com um sentido fixado, normalizado.

Essa situação tem levado a dizer-se que não exis-

te cultura de massa: primeiro porque "isso" não seria uma cultura (seria cultura negativa) e, depois, porque "massa" é uma entidade inexistente. E que, de todo modo, ela não existe mesmo porque não é *da* massa pois não é feita *pela* massa: haveria apenas uma cultura *para* a massa. Na verdade, esta é uma questão um tanto bizantina: essa cultura *de* ou *para* ou *sobre* a massa existe para quem se der ao trabalho de abrir os olhos.

ALIENAÇÃO E REVELAÇÃO NA INDÚSTRIA CULTURAL

No capítulo anterior foram enumeradas algumas das funções básicas desempenhadas pelos produtos da indústria cultural. Tais funções se resumem fundamentalmente a duas, das quais derivam ou para as quais convergem as demais. Para os adversários da indústria cultural — aqueles que Umberto Eco chamou de *apocalípticos:* os que vêem na indústria cultural um estado avançado de "barbárie cultural" capaz de produzir ou acelerar a degradação do homem — essa função seria a alienação. Inversamente, para os adeptos dessa indústria, ou os que a toleram — os *integrados* —

essa função central seria a mesma de toda produção cultural: a revelação, para o homem, das significações suas e do mundo que o cerca (com a diferença de que essa revelação se faria agora mais depressa e para maior número de pessoas, dada a tecnologia utilizada). De um lado, portanto, estão os que acreditam, como Adorno e Horkheimer (os primeiros, na década de 1940, a utilizar a expressão "indústria cultural" tal como hoje a entendemos), que essa indústria desempenha as mesmas funções de um Estado fascista e que ela está, assim, na base do totalitarismo moderno ao promover a alienação do homem, entendida como um processo no qual o indivíduo é levado a não meditar sobre si mesmo e sobre a totalidade do meio social circundante, transformando-se com isso em mero joguete e, afinal, em simples produto alimentador do sistema que o envolve. Do outro lado, os que defendem a idéia segundo a qual a indústria cultural é o primeiro processo democratizador da cultura, ao colocá-la ao alcance da massa — sendo, portanto, instrumento privilegiado no combate dessa mesma alienação.

Há dois caminhos para se chegar a uma eventual conclusão sobre qual das correntes está com a razão (embora a razão quase nunca esteja de um lado só). Um deles consiste em examinar *o quê* diz ou faz a indústria cultural. O outro opta por saber, não que é dito ou feito, mas *como* é dito ou feito. O estudo do *o quê* exige uma análise caso a caso,

levando em consideração situações específicas. A análise do *como* tem alcance mais geral na medida em que parte do pressuposto segundo o qual os veículos da indústria cultural têm, cada um deles, uma *natureza* que permanece idêntica a si mesma em todas as manifestações desse veículo e um *modo de operar* que pode permanecer estável em determinadas situações. Quer o referencial seja a natureza, quer seja o modo de operar do veículo, o pressuposto é o de que essa natureza e esse modo permanecem os mesmos por mais que varie o que está sendo dito ou feito.

O conteúdo como determinante

O estudo do *o quê* prende-se à questão do conteúdo divulgado pelo veículo. Deste ponto de vista, os produtos da indústria cultural serão bons ou maus, alienantes ou reveladores, conforme a *mensagem* eventualmente por eles veiculada. Neste caso, o critério de apreciação seria basicamente subjetivo: para mim, que me coloco do ponto de vista da ideologia *A*, o produto cultural marcado pela ideologia *B* será considerado inadequado, e vice-versa. Para os que se colocam neste ponto de vista, a televisão, por exemplo, pode dirigir-se para o caminho da revelação e da libertação do homem na medida em que transmitir menos novelas ou menos futebol e mais programas de informação — ou, em termos mais amplos, e ainda por hipótese, na medida em que, digamos, divulgar uma programação embebida na filosofia socialista e não na capitalista.

Trata-se, sem dúvida, de uma das mais tradicionais maneiras de tentar a avaliação de um produto cultural. E dada sua natureza nitidamente ideológica desenvolvê-la em minúcias, descrever seus procedimentos é algo que foge ao objetivo deste texto. Assim, esta tendência é aqui mencionada, basicamente, como pano de fundo para o entendimento daquela que se chamou de estrutural. Mas também foi citada para permitir um comentário passageiro sobre um de seus aspectos, aquele sobre o qual paira um dos maiores preconceitos e mal-entendidos relativos aos produtos da indústria cultural: o prazer.

O prazer é, de fato, um dos principais alvos de alguns que, preocupados com o conteúdo veiculado pela indústria cultural, tentam combater os processos de alienação. A causa é justa mas a base da ação é totalmente equívoca — o que acaba provocando uma válida dúvida sobre a justeza da própria causa. É que se acredita ainda que a busca ou admissão do prazer é indício de um comportamento grosseiro, consumista, e indício da adesão aos princípios de uma ideologia burguesa, reacionária.

O grau de crença nessa tese varia muito, indo

desde o manifestado pelos teóricos da Escola de Frankfurt (que identificavam a indústria cultural como indústria da diversão entendida como instrumento da alienação, embora fizessem a ressalva de que criticavam essa indústria, entre outras coisas, por permitir apenas um "falso prazer") até o assumido pelos teóricos e militantes de uma cultura "compromissada" (para os quais o prazer vem sempre em segundo lugar diante do saber). Mas o importante é que ela é sempre alimentada e reforçada.

É essa uma tese de direita ou de esquerda? É de direita, sem dúvida, na medida em que para a direita sempre interessou o controle do prazer em benefício da produtividade capaz de gerar lucros e mais lucros. Está aí toda uma ideologia de defesa do trabalho a confirmá-lo. Pretende-se sempre fazer crer que o trabalho dignifica, que o trabalho é o veículo da ascensão, que o trabalho é a salvação — quando, no quadro social em que vivemos (de divisão das atividades e distribuição desigual da renda, para dizer o mínimo), é patente que ele não é nada disso. Nesse quadro pintado pela direita, o prazer — sob sua forma diminuída: a diversão — só é admitido esporadicamente (feriados, férias) e mesmo assim apenas como elemento reforçador do trabalho (na medida em que recompõe as forças do trabalhador, permitindo a continuidade da exploração destas) e nunca como seu oposto. Eficácia, rendimento e prazer são coisas que não rimam, nesta sociedade de extermínio do homem em que vivemos.

Mas é também uma tese da esquerda, sem dúvida nenhuma. Em seu delicioso e clássico *O Direito à Preguiça*, Paul Laforgue já observava como os trabalhadores europeus do século XIX, equivocamente liderados por seus partidos de esquerda, viviam a reivindicar o direito ao trabalho (cujo único efeito seria o esmagamento contínuo deles mesmos) ao invés de exigir um outro sistema em que tivessem os mesmos lazeres dos patrões — em que todos pudessem, diríamos hoje, entregar-se aos prazeres. E mesmo neste século, uma esquerda um tanto limitada continua fazendo do trabalho sua bandeira, quase igual à hasteada pela direita.

Sem dúvida, cabe indagar se o trabalho não será necessário no caso de pretender-se a construção de uma sociedade onde todos vejam atendidas, com dignidade, suas necessidades fundamentais (que hoje vão muito além do refrão tradicional: habitação-alimentação-indumentária-saúde-educação). Mas o fato é que é muito fácil transformar o trabalho em ídolo (apesar de seus monstruosos pés de barro) ao invés de usá-lo apenas como instrumento. Roland Barthes observou a existência, na esquerda, de toda uma mitologia dirigida no sentido de apresentar o prazer como sendo um objetivo e uma proposta da direita. Mitologia que, praticamente identificando o prazer com a indecência, tratava de espalhar a idéia segundo a qual o

prazer se opunha ao conhecimento, ao compromisso, ao combate — com isso renegando-se a hipótese de que estes possam ser alguns aspectos desse mesmo prazer. Adianta lembrar aos adeptos desse mito que para Brecht, ele mesmo um homem de esquerda, era perfeitamente possível esvaziar deliciosamente um canecão de cerveja entre dois combates, numa guerra?

Quer seja essa tese do combate ao prazer uma herança que a esquerda dogmática recebeu da ideologia burguesa, ou apenas o correspondente esquerdista da exigência burguesa da eficácia (entendida como inimiga do prazer), o fato é que ela se sustenta também entre a esquerda. E firmou-se e espalhou-se um pouco por toda parte, estabelecendo consigo a visão puritana e equivocada da eficácia e do trabalho como valores maiores do homem, diante dos quais o prazer é banido da prática cultural. É verdade que o prazer não foi banido de *toda* prática cultural. Particularmente após os estudos da Escola de Frankfurt, proclamadores de uma sentença de condenação contra a indústria cultural, o prazer foi particularmente banido dos produtos *dessa* indústria. É comum ver um crítico que exige seriedade e engajamento da TV ou do rádio, esquecer completamente essa exigência quando, por exemplo, trata de um filme de Fellini. Quer dizer: quando o negócio é com a cultura dita superior, tudo é permitido; da cultura inferior, da *masscult*, exige-se seriedade. Este é um índice claro da existência de um preconceito contra a cultura pop, contra o povo: "a massa é ignorante e portanto não pode perder tempo com prazer; temos, *nós*, de torná-la culta, através da seriedade". Elitismo, paternalismo, confusionismo. Poucos estão dispostos a cobrir a aposta de Maiakovski no povo e em sua capacidade de receber e fazer uma cultura dita superior, sem degradações.

Esse é o duplo mal: 1) combater o prazer; 2) combater o prazer particularmente nos veículos da indústria cultural. A superação desse equívoco, observado de modo especial entre os defensores da idéia segundo a qual o importante é o conteúdo das mensagens veiculadas (mas não apenas entre eles), será sem dúvida um passo no caminho da colocação da indústria cultural a serviço da sociedade. Toda uma psicologia de segunda linha, e até mesmo homens do porte de um Brecht, preocuparam-se demais com a catarse (entendida como liberação imaginária das tensões psíquicas individuais) e seus efeitos supostamente negativos. Hoje está mais que demonstrado o papel essencial desempenhado pela catarse no bom funcionamento psíquico do indivíduo — e o prazer tem sua função nesse processo de catarse. Não há, portanto, por que condenar a indústria cultural sob a alegação de que ela é uma prática do entretenimento, da diversão, do prazer. O prazer é, sempre, uma forma do saber.

A limitação do sistema produtor

Procurando determinar *como* operam os meios da indústria cultural, há duas alternativas básicas a seguir. A primeira, como se disse, está ligada à natureza do veículo, que pode ser descrita a partir de diferentes parâmetros. Um deles é o que deriva de uma das lições de Karl Marx: todo produto traz em si os vestígios, as marcas do sistema produtor que o engendrou. Estes traços estão no produto, mas geralmente permanecem "invisíveis". Tornam-se visíveis quando o produto é submetido a uma certa análise, a que parte do conceito segundo o qual a natureza de um produto somente é inteligível quando relacionada com as regras sociais que deram origem a esse produto.

A partir desse ponto de vista, e considerando, primeiro, que a indústria cultural tem seu berço propriamente dito apenas a partir do século XIX, de capitalismo dito liberal, e, segundo, que a indústria cultural atinge seu grande momento com o capitalismo de organização ou monopolista, ficaria claro que a indústria cultural e todos os seus veículos, *independentemente do conteúdo das mensagens divulgadas,* trazem em si, gravados a fogo, todos os traços dessa ideologia, da ideologia do capitalismo. E, neste caso, também trariam em si tudo aquilo que caracteriza esse sistema, particularmente os traços da reificação e da alienação.

Isto significa que (de acordo com esta análise levada às últimas conseqüências) façam o que fizerem, digam o que disserem, os veículos da indústria cultural somente podem produzir a alienação. Mesmo que o conteúdo de suas mensagens possa ser classificado como libertário. É que a força da estrutura, da natureza, das condições originais de produção da indústria cultural apresenta-se como maior do que a força possível das mensagens veiculadas, que se vêem anuladas ou grandemente diminuídas pelo poder da estrutura. Se se preferir: a natureza da indústria cultural, considerando-se o sistema que a gerou, apresenta-se como a dominante ou mesmo como a resultante de um sistema de forças. Nesse sistema podem estar presentes forças contrárias à natureza do veículo mas estas acabam ficando em segundo lugar. Este entendimento é rígido e não admitiria a hipótese de uma outra utilização desses veículos no caso de uma mudança no sistema social. Passando-se, por exemplo, de uma sociedade capitalista para outra socialista, os meios de comunicação anteriormente existentes não poderiam ser postos a serviço da nova ideologia, uma vez que estariam impregnados da ideologia que os gerou — e a insistência na sua utilização poderia, até mesmo, colaborar para um movimento de retrocesso na direção do sistema que se desejou superar. Este seria o resultado inevitável desse enfoque analítico, caso se pretenda chegar até suas últimas conseqüências.

Embora radical, esta análise não vem propriamente colocada sobre bases equivocadas, encaixada como está no quadro maior relativo à produção da ideologia, à sua infiltração profunda em todos os setores da vida por ela coberta e aos modos pelos quais pode ser combatida. O problema é que, nesse caso, o único modo de eliminar totalmente uma certa ideologia e seus efeitos seria a destruição total de tudo aquilo que estivesse por ela afetado, numa política de terra arrasada — solução bem pouco prática e, mais ainda, pouco viável. Parece imperioso admitir a hipótese de um gradualismo nessa passagem de uma para outra ideologia. Caso contrário, se chegaria à constatação de que, por exemplo, o meio por excelência de comunicação de massa, a TV, não poderia jamais ser usada revolucionariamente. Na verdade, nenhuma sociedade existente, e que queira dar início a um processo de profundas alterações sociais em seu interior, pode dar-se ao luxo de dispensar um meio como a TV e os produtos culturais por ela gerados. Por outro lado, esse enfoque não permite esquecer que, de fato, todo produto traz em si os germes do sistema que o gerou; diminuir a importância dessa constatação pode resultar em graves danos para uma sociedade em processo de transformação.

Uma ideologia cujos traços são, entre outros, o paternalismo, a necessidade de tornar passivos todos os sujeitos, a transformação em coisa (reifi-

cação) de tudo o que possa existir (inclusive o homem) — traços estes presentes no capitalismo de organização — estaria assim presente num produto como a TV, como de fato está. Esquecer isso e tentar manipular a TV como se bastasse alterar seu conteúdo, pode dar origem a entidades híbridas como, por exemplo, um "socialismo" baseado no autoritarismo, no paternalismo, na passividade dos que se colocam sob suas asas — isto é, um socialismo baseado na alienação. O que, aliás, já é uma realidade.

A mensagem da natureza do veículo

A outra modalidade de análise possível que leva ao entendimento do modo de operação do veículo a partir do estudo de sua natureza é a que se pode extrair dos trabalhos de Marshall McLuhan — de quem se pode talvez dizer tudo, menos que é um marxista.

A figura de McLuhan é de fato, para dizer o mínimo, controvertida. Sua obra costuma receber muito mais ataques do que elogios e é entendida freqüentemente como não sendo mais que um modismo. Dele, diz-se que é o ideólogo da Madison Avenue, a avenida de Nova York onde se concentram as agências de publicidade. De sua obra,

afirma-se que é um mosaico de citações, permeada de lacunas, meias-verdades, falsidades e contradições internas. Estas últimas alegações são de fato facilmente verificáveis através de uma simples leitura de qualquer de suas obras. (Aliás, o autor defende esse aspecto contraditório e lacunoso de seus trabalhos, afirmando ser esta a realidade das manifestações culturais de nossa época — sendo ele, portanto, nada mais que um simples *contemporâneo* no sentido mais amplo desse termo.) Mas não é possível pôr simplesmente de lado sua produção. Quando mais não seja, deve-se a McLuhan um trabalho de divulgação e, até mesmo, vulgarização de uma seqüência de concepções sobre a indústria cultural e os meios de comunicação de massa que, de outro modo, talvez permanecessem restritas às esferas acadêmicas. E, de qualquer modo, um trabalho introdutório como este não pode deixar de passar pelo degrau ocupado por McLuhan.

Uma das bases de sustentação das teorias de McLuhan consiste no conceito segundo o qual "o meio é a mensagem". Colocando-se na posição contrária à ocupada pelos que se preocupam com o conteúdo das mensagens produzidas pela indústria cultural, McLuhan observa que essa obsessão com o conteúdo é resquício de uma cultura letrada incapaz de adaptar-se às novas condições. Durante séculos nos teríamos acostumado a perguntar qual seria o conteúdo de um certo livro, ou o que um certo pintor quis dizer com sua tela, ou qual o sentido de uma dada fábula. E esta tendência nos teria levado a uma preocupação excessiva com os conteúdos veiculados pelos meios da indústria cultural, quando o alvo dessa nossa atenção deveria ser os meios considerados em si mesmos, independentemente de qualquer conteúdo. Assim — e lembrando que para McLuhan os meios de comunicação não são apenas os tradicionais (rádio, TV, jornal, etc.) mas também o carro, a roupa, a casa, o dinheiro e uma infinidade de entidades assemelhadas — o autor canadense considera que a "mensagem" de qualquer meio (por ele também chamado de *tecnologia*) é a mudança de escala, de andamento ou de padrão por ele introduzida nas relações sociais. A "mensagem" do trem, por exemplo, não é a introdução do movimento, ou do transporte mais rápido, mas sim o fato de que ele acelerou e ampliou a escala anterior das funções humanas ao criar novos tipos de cidades e novas concepções de trabalho ou de lazer.

McLuhan considera um erro — e sinal de desconhecimento da natureza de um dado meio, e da natureza de todos eles — o ponto de vista habitual, que consiste em julgar se uma coisa é boa ou má conforme o uso que dela se fizer. Considera indício de "sonambulismo", e total incapacidade de entender a condição moderna de vida, dizer que o valor da TV, por exemplo, depende do tipo de programa por ela divulgado — o que equivaleria a dizer que a TV será boa se disparar a munição certa contra as pessoas certas. Não se pode, segundo ele, julgar um meio pelo uso dele feito, uma vez que esse "uso" é um só, é constante e se sobrepõe ao uso-mensagem. Nesse sentido, McLuhan faz uma crítica pertinente a um autor considerado "clássico" no estudo da comunicação mas que, na verdade, representa um dos ramos menos desenvolvidos e mais chãos da teoria da indústria cultural: Wilbur Schramm. Pesquisando áreas onde a TV ainda não penetrara, Schramm não fez previamente aquilo que, segundo McLuhan, é fundamental: *um estudo da natureza peculiar da imagem pela TV*. Assim, Schramm realizou praticamente a clássica "análise de conteúdo", com base nas preferências dos espectadores pelos programas, nos períodos de recepção, no vocabulário utilizado. Isto é, realizou um estudo literário e, como diz McLuhan, ao final não tinha nada de relevante a mostrar. Se Schramm, diz ele, tivesse usado os mesmos métodos para descobrir as mudanças produzidas pela introdução da imprensa, sob o ponto de vista da psicologia individual e social nada teria descoberto; é que, segundo McLuhan, a mensagem do meio *imprensa* foi a estimulação do individualismo e do nacionalismo, e não um maior ou menor consumo da Bíblia, nem o entendimento certo ou errado das mensagens, nem a alfabetização.

Assim, o meio é a sua própria mensagem, e nada além disso. Especificamente, qual então a relação entre essa perspectiva e o problema da alienação através dos meios "clássicos" da indústria cultural? Na medida em que cada meio, segundo McLuhan, tem sua própria estrutura (e, portanto, uma "mensagem" específica) não caberia nos limites deste trabalho uma análise de todos eles. E como, na verdade, o que interessa aqui é ilustrar a tese segundo a qual a questão da alienação através da indústria cultural deve ser analisada sob o ponto de vista estrutural e não a partir do conteúdo das mensagens, ficaremos com apenas um dos veículos dessa indústria, possivelmente o mais expressivo deles: a TV.

A TV, na teoria de McLuhan, deve ser considerada um "meio frio". Por "frio" deve-se entender o meio de baixa definição, em oposição ao meio "quente", de alta definição. Um meio quente é o que define altamente, ou amplia, um sentido singular, devendo-se entender por "alta definição" a condição na qual alguém recebe grande quantidade de dados. Assim, em relação ao sinal sonoro o rádio é um meio quente e o telefone, frio. Quanto à imagem, o cinema é quente e a TV (pelo menos no momento em que McLuhan escrevia) , fria. Em outras palavras, a definição é baixa no telefone, a voz soa amortecida, apagada, distorcida; no rádio, os sons são claros, mais "reais". No cinema, a imagem é clara, perfeita, nítida, feita a partir da projeção de superfícies chapadas, enquanto na TV ela é o resultado da reunião de pontos que nunca chegam a perfazer uma superfície unida, oferecendo um resultado que ainda está sujeito às distorções dos "fantasmas", etc.

A conseqüência disso, segundo McLuhan, é que os meios quentes promovem uma baixa participação do espectador, enquanto os frios seriam de "alta" participação por parte da audiência. Como os meios quentes são de alta definição, fornecem muitos dados ao receptor deles, quase nada exigindo em termos de esforço no sentido de apreender o que está sendo transmitido. Já os meios frios, de baixa definição, fornecem dados sob um certo aspecto incompletos, exigindo um esforço por parte da audiência no sentido de tentar recompor a mensagem inicialmente transmitida. Valendo essa regra para todos os meios, uma conferência exigiria menos participação do que um seminário, assim como um livro exigiria menos participação do que um diálogo. De igual modo, a TV seria um meio de maior participação em comparação com o cinema, o mesmo acontecendo com o telefone em relação ao rádio.

Dessas colocações de McLuhan, aqueles que Eco chamaria de "integrados" acabaram concluindo que a TV era um meio positivo, um bom meio, um meio possibilitador da revelação e não da alienação na medida em que, em virtude de sua natureza técnica, exigia maior participação da au-

diência. Sob esse aspecto, a TV não formaria audiências de indivíduos passivos mas, sim, de pessoas altamente ativas que, nesse processo, estariam no verdadeiro caminho da apreensão total das mensagens divulgadas.

Na verdade, essa é uma conclusão não exatamente correta. E a culpa não estaria propriamente com McLuhan, mas com seus seguidores demasiado apressados e "integrados". O fato é que essa "participação" de que fala o pensador canadense deve ser entendida, antes de mais nada, no sentido de "complementação". A audiência *complementa* os dados que um meio tido como de baixa definição, como a TV, fornece incompletamente. E mais nada. Complementar é uma operação longe, e não pouco, da participação. Não há, entre ambas, nenhum elo necessário. Em segundo lugar, pelo menos em relação à TV, a argumentação de McLuhan é datada. Na década de 60, quando escrevia o livro que o tornou mundialmente famoso, McLuhan tinha à sua frente uma realidade em que a TV podia ser definida como de baixa definição. Hoje, porém, superados os problemas com a transmissão e recepção a cores; com a possibilidade de eliminação quase total dos "fantasmas" e "chuviscos" graças ao desenvolvimento das antenas, e, particularmente, com a difusão da TV por cabo (cuja definição em nada perde para a do cinema), se a definição da TV ainda não pode ser considerada alta, ela já não é mais "baixa". E com isso

boa parte da argumentação de McLuhan vai por água abaixo — embora permaneça válido seu entendimento do meio como sendo sua própria mensagem, independentemente do conteúdo.

O que fica invalidada é a visão de um mundo transformado numa aldeia global de cuja vida todos participariam ativamente graças à TV. É possível, de fato, que o mundo todo venha a adotar os mesmos valores, a mesma ideologia, graças às chamadas "multinacionais da cultura", que tendem a difundir por toda parte, particularmente pela TV, uma mesma estrutura de pensamento, um mesmo comportamento, gerados num ou em alguns poucos centros de decisão. No caso, e por enquanto, os EUA. Mas dizer, a partir daí, que o mundo todo estaria *participando* desse processo vai uma grande distância. De uma ideologia inculcada é possível dizer várias coisas, menos que ela se oferece à participação.

Neste caso, qual o conteúdo do meio TV, aquele sentido básico que permanece seja qual for a mensagem transmitida? Uma pista talvez esteja na própria concepção que McLuhan tem do conteúdo da imprensa no século XVI — embora McLuhan, ele mesmo, não faça diretamente essa extensão para o caso da TV (assim como ele freqüentemente silencia sobre vários tópicos: por exemplo, o fato de que o diálogo permite maior participação não só do que o livro, como do que o rádio, o cinema ou a TV, e isto nos termos de sua própria

teoria). Assim, como já foi dito, McLuhan propôs que se entendesse como mensagem da imprensa (ou, mais corretamente: do tipo móvel de imprensa) a estimulação do individualismo e do nacionalismo. Individualismo: na medida em que o novo meio possibilitava um ponto de vista privado sobre as coisas mas também na medida em que a palavra impressa permitia ao homem a possibilidade de afastamento e não-envolvimento com o universo referido na palavra; e ainda, numa vertente talvez secundária mas não irrelevante, individualismo na proporção em que o texto impresso tendia a surgir como uma espécie de alimentador de ego para o homem, dando-lhe a ilusão de, através da impressão de suas idéias, conseguir a imortalidade. Nacionalismo: na esfera social, a imprensa agiu como fator de eliminação do paroquialismo e do tribalismo, homogeneizando gradualmente regiões diferentes e unificando-as.

Seguindo essa pista, qual seria a mensagem (entendida estruturalmente) do meio TV? À primeira vista, viria a tentação de dizer que o modo de recepção pela TV é coletivizante, ao contrário do que ocorre no processo da leitura, experiência individual por excelência. De fato, a TV não permite um ponto de vista exatamente privado sobre as coisas. Nem permite, à primeira vista, o não-envolvimento com o assunto abordado: uma coisa é ler no jornal que "foram fuzilados quinze revolucionários" e outra bem diferente é ver na tela pessoas vivas tombarem para trás sob o impacto de balas estraçalhantes, enquanto os membros do pelotão de fuzilamento gritam de satisfação. Esta é uma experiência que deveria impedir o afastamento e evitar o não-envolvimento. Portanto, seria uma experiência oposta à proporcionada pela leitura da palavra impressa. Mas não é uma experiência coletivizante, muito menos socializante: o indivíduo é eliminado do circuito para ser jogado diretamente, queimando-se a etapa do social, na massa. Não há ponto de vista privado mas também não há ponto de vista produzido pelo grupo: o ponto de vista é de quem detém o meio, a TV. Não há afastamento e há envolvimento; mas uma e outra coisa são estéreis, porque não há reação efetiva do receptor. O indivíduo deixa de existir e é substituído por esse "indivíduo da estatística", por esse indivíduo-fetiche que é a massa. Para isso concorre ainda o fato de que, ao invés de produzir a sensação da perenidade, da imortalidade, a TV propõe exatamente seu oposto: o circunstancial, o efêmero, o passageiro. Nada permanece na ou pela TV: da moda ao comprometimento político, tudo passa e tende a perder-se num magma indistinto — num mosaico onde também o homem se perde.

E quanto aos efeitos sobre aquilo que McLuhan chamou de psiquismo social, a TV não produziu o nacionalismo, seu conteúdo não é o nacionalismo mas o universalismo. Aqui, a TV estende ao máximo um traço da imprensa: assim como a imprensa homogeneizou grupos diversos, fazendo com que superassem o espírito de clã e desembocassem na nação, a TV homogeneiza as nações, globalizando-as. O próprio Marx já havia previsto que, graças ao desenvolvimento da tecnologia, as culturas nacionais acabariam por apresentar um número cada vez maior de traços em comum, a caminho de uma eventual cultura universal. O problema é que ocorre, ao nível das nações, o mesmo que se verifica ao nível do indivíduo: também as nações são eliminadas mas, ao invés de entrarem para uma comunidade de nações, acabam por ser precipitadas naquilo que se poderia chamar de massa das nações ou nações massificadas. É que, tanto para o indivíduo quanto para as nações, a TV é um meio unidirecional, unívoco: a informação por ele veiculada segue apenas um sentido, da fonte para o receptor, sem retorno. Com isso, na verdade não há informação mas formação. Nem isto, mas *conformação*. E também nesta análise a TV (senão todos os demais veículos da indústria cultural) surge como instrumento de reificação e alienação, como na análise anterior onde esses veículos foram vistos em seu relacionamento com o sistema político-social em que surgiram.

Como foi dito, esta apreciação da TV não está diretamente nos trabalhos de McLuhan e é bem possível que ele não concorde com o quadro aqui levantado. Mas este estaria, de todo modo, dentro das linhas possíveis de sua teoria sobre a necessidade de uma abordagem dos meios de comunicação a partir de um ponto de vista que não leve em consideração a mensagem específica e eventual que esses meios poderiam veicular.

Esta visão dos meios de comunicação e dos produtos da indústria cultural seria pessimista, em seu todo. No entanto, é necessário fazer justiça ao autor canadense e dizer que em seus textos seria possível vislumbrar algumas possibilidades de utilização desses meios em benefício do homem. A chave para isso estaria ainda numa abordagem estrutural desses meios que, levando em consideração a natureza específica de sua organização, possibilitasse uma manipulação adequada deles.

Vejamos uma dada situação: num certo lugar desenvolve-se uma guerra de agressão e extermínio generalizado e pretende-se fazer com que o povo de um país tome uma atitude contrária àqueles atos. A tese, segundo os dados levantados por McLuhan, é que a utilização rotineira da TV não traria resultados. Como inclusive já foi verificado, a apresentação e repetição diária das cenas de guerra acabam produzindo, em geral, apenas o embotamento, o tédio e o desinteresse no espectador-padrão ao invés de provocar seu envolvimento. É que essa apresentação se faz, ainda hoje, sobre os moldes elaborados pela imprensa escrita; isto é, a apresentação é, de algum modo, dramatizada. A dramatização, no entanto, é uma forma de "esquentar" a apresentação das notícias, tornando-as deste modo incompatíveis com a TV em virtude de sua "frieza". No caso, aquele mesmo resultado seria mais facilmente alcançado através do rádio, já por si um meio quente em relação à TV. Ou então seria necessário chegar a um modo "frio" de apresentar aquelas notícias pela TV. A respeito, McLuhan tende a considerar que não há possibilidade de a TV tratar de assuntos "quentes" como os da política, o que, segundo ele, explicaria o fato de, mesmo sem censura, as emissoras de televisão normalmente silenciarem sobre essas questões. Na verdade, essa é uma maneira cândida de ver as coisas, para dizer o mínimo. As grandes questões políticas são normalmente silenciadas pela TV dadas as relações, nada subterrâneas, existentes entre ela e o chamado "complexo industrial-militar" que é seu principal usuário e controlador. (Na atual situação, é preciso esclarecer bem as coisas: usuário da TV não é receptor, a audiência, mas o patrocinador declarado ou não.) No entanto, o próprio McLuhan — com isto ficando evidente o caráter contraditório de seus textos, embora a contradição não seja necessariamente um defeito — fornece em seus trabalhos as indicações segundo as quais a TV poderia tratar desses problemas: bastaria apresentá-los de forma fria, isto é, de uma forma em que as situações se apresentassem como um processo a ser completado pela audiência.

Nesta linha de entendimento, o que se teria a

fazer para colocar um meio como a TV a serviço do homem seria proceder a uma escolha dos assuntos que podem ser tratados por um certo meio (exemplo: dada sua natureza, o ensino da poesia — ler poesia e fazer poesia — é mais compatível com a TV do que com o rádio) ou da forma de apresentá-los. Mas neste momento surge a questão: será isto suficiente para superar o conteúdo original de um meio como a TV, conteúdo que consiste em fazer o homem deixar de ser indivíduo para cair na massa, sem passar pelo coletivo? Não é incompatível o conteúdo da poesia (que é um processo de auto-revelação e construção do indivíduo) com o da TV, cujo resultado é a reificação e massificação do homem? Fica-se aqui diante do mesmo impasse surgido quando se considerou a hipótese da impossibilidade de um produto deixar de ter as marcas do sistema produtor: se levada às últimas conseqüências, também esta análise estrutural deveria concluir pelo banimento de pelo menos alguns dos veículos da indústria cultural, rejeitando a possibilidade do gradualismo em sua utilização. Resta saber se isto é admissível para esta sociedade. Aparentemente, não há como renegar ou desprezar uma proposta como a oferecida pela TV, cabendo no entanto levar em consideração as observações do próprio McLuhan sobre o problema da compatibilidade entre o meio e a mensagem ou entre o meio e a forma da mensagem, do mesmo modo como antes se ressaltou ser necessário

ter sempre à vista a necessidade de não esquecer que o produto porta os traços do produtor.

Análise pelo processo de significação

A outra possibilidade de determinar-se o "como" dos veículos da indústria cultural, como se viu, é através do estudo, não mais de suas características técnicas, mas da maneira pela qual operam seu significado, da maneira pela qual produzem seu significado. Também aqui não é necessário; a princípio, considerar o conteúdo da mensagem propagada. O que importa é determinar o modo pelo qual se dá a significação. O instrumental de análise será, aqui, a semiótica.

Todo processo de significação — e este é o processo em jogo nos veículos da indústria cultural, como aliás em todas as demais atividades relativas ao ser humano — está baseado na operação de signo. Sendo signo tudo aquilo que representa ou está no lugar de outra coisa (a palavra "cão" representa um cão qualquer real, assim como minha foto na carteira de identidade é um signo de minha pessoa, representa a mim, está em meu lugar), entende-se por "operação de signo" a relação que se estabelece entre o *signo propriamente dito* (uma palavra, uma foto, um desenho, uma roupa, uma

edificação, etc.), o *referente* (aquilo para o que o signo aponta, aquilo que é representado pelo signo: este cão, aquela pessoa) e o *interpretante* (ou conceito, imagem mental, significado formado na mente da pessoa receptora de um dado signo). Assim, o signo "cão" remete o leitor a uma entidade existente (o referente: o cão) e aciona em sua mente um processo produtor do interpretante (ou significado: a idéia do que é normalmente um cão, acrescida eventualmente das imagens particulares que esse leitor pode ter dos cães e que dependem, estas, de sua experiência pessoal: o conceito de animal mamífero, quadrúpede, doméstico pode assim estar associado à idéia de agressividade ou ternura, etc.).

Os signos, no entanto, não são todos da mesma espécie. E cada tipo de signo tende a provocar um certo tipo de relacionamento entre ele mesmo e a pessoa que o recebe, nesta provocando também um tipo particular de interpretante ou significado. Uma coisa é tentar transmitir a alguém o significado do que seja um cão através da palavra escrita e outra é tentar a mesma coisa através da fotografia desse cão. A palavra escrita é, de certo modo, "neutra"; ela deixa em aberto um amplo leque de possibilidades, de modo que, além do mínimo de significado específico nela contido (a idéia, por exemplo, de um animal doméstico, amigo do homem), ela admite uma série de idéias pessoais da pessoa que a recebe. Pode formar-se, nessa pessoa, a imagem de um animal pequeno ou grande, feroz ou cordato, de pêlo curto ou comprido, preto ou branco. Já a fotografia do cão (que passa a ser *um* certo cão) não é mais tão neutra assim: ela já determina que o cão é grande ou pequeno, agressivo ou calmo, branco ou amarelo. Ainda há, por certo, uma ampla margem para que a pessoa enxerte nesse conceito uma série de idéias suas mas, seja como for, percebe-se facilmente que o interpretante (ou significado) transmitido por uma foto é diverso do interpretante proporcionado por uma palavra, ainda que ambas designem a mesma coisa.

Surge, assim, a necessidade de distinguir entre os tipos de signos. Charles S. Peirce propõe que os signos possam ser de três tipos: ícone, índice e símbolo.

Para o que interessa a esta exposição, é suficiente reter que:

a) Ícone, ou signo icônico, é um signo que tem uma analogia com o objeto representado: uma foto, uma escultura.

b) Índice, ou signo indicial: signo que representa seu objeto por remeter-se diretamente a ele; o índice aponta para seu objeto, para seu referente; sem ser semelhante a seu objeto, como o ícone, está ligado a ele de tal modo que, sem ele, não pode existir: poças de água podem ser índice de chuva recente, assim como nuvens escuras indicam chuva iminente; o cata-vento é um signo que indica a existência de vento, assim como uma seta pintada num corredor indica o caminho. Ne-

nhum desses signos — poças de água, nuvens escuras, cata-vento, seta — tem sentido, funciona, se seus respectivos representados — chuva, vento, caminho — não estiverem diretamente ligados a eles como coisa real, ou como possibilidade prestes a verificar-se, ou como realidade já verificada num momento imediatamente anterior. Se não houver um caminho a seguir, a seta não tem sentido. O cata-vento indica a existência e a direção de um vento real existente naquele momento em que o signo funciona; não se trata de um vento que existiu uma semana antes, nem de um vento que existirá amanhã. Ao contrário do ícone, que mantém seu significado mesmo distanciado do objeto representado, ou ainda que este objeto não exista mais (a foto de uma pessoa distante ou morta), o índice é um signo efêmero, de vida curta ou que, pelo menos, depende em tudo da duração da vida de seu objeto. O índice não tem autonomia de existência. E ainda em comparação com o ícone: conhecer o ícone é em certa medida — e em alguns casos, em toda a medida — conhecer o objeto representado. Mas o conhecimento do índice não possibilita o conhecimento do objeto significado, a não ser sob aspectos muito restritos. O que diz uma poça de água sobre a natureza da chuva, a não ser que é líquida? Não diz se a chuva cai ou corre como um rio. Nem se, caindo, cai como um jorro contínuo e espesso ou sob a forma de pingos esparsos. Nem diz nada sobre a tempe-

ratura dessa água ou sobre sua eventual translucidez. Uma foto diz a cor dos olhos de uma pessoa, pode dar sua altura, pode mesmo informar se ela é tranqüila ou irritadiça. Nada disso é possível com o índice. Uma seta não diz como é o caminho a seguir, se reto ou tortuoso, se estreito ou amplo. E ainda: um ícone não exige a familiaridade da pessoa que o recebe com o objeto representado; sem ter visto antes um objeto significado na foto, a pessoa receptora do ícone pode conhecê-lo ou reconhecê-lo a partir de um conceito geral. Já o índice não existe se seu receptor não conhecer previamente o objeto representado: se eu já não tiver visto a relação entre nuvem escura e chuva, não poderei interpretar o signo "nuvem escura". Isto leva a ver o ícone como um signo capaz de propor o novo, como um signo que *revela*, enquanto o índice é por excelência um signo repetidor, um signo de manutenção. O ícone já me dá desde logo a informação sobre o objeto, bastando que eu esteja receptivo em relação à operação de interpretação; o índice só me dá a informação se eu, de algum modo, já a conhecer.

c) Símbolo, ou signo simbólico: signo que representa seu objeto em virtude de uma convenção, de um acordo. O ícone assemelha-se a seu objeto e o índice está ligado diretamente ao objeto significado. Quanto ao símbolo, diversamente do ícone, não tem nenhum traço em comum com seu objeto, nem está ligado a ele de algum modo: ele é ar-

bitrário. O exemplo mais comum de símbolo é a palavra, qualquer palavra. Uma palavra como "cão" não se assemelha nem à idéia geral de cão, nem à idéia de um cão em particular. Ela representa o objeto *cão* graças a uma convenção entre os homens. Diz a convenção que um *c* associado a um *a* e a um *o*, mais o traço gráfico ~ deve ser entendido como significando um certo tipo de animal doméstico. O símbolo é, assim, uma proposta artificial. A entidade *cão* poderia ser representada por qualquer outra combinação de sinais gráficos como *hum, zeto* ou qualquer outra coisa. Podia ser representada por *mesa, árvore, avião* — ou por *dog, cane, chien.*

Para ser entendido, o símbolo não exige que seu receptor conheça o objeto a que se refere, como o índice: o símbolo é, mesmo, um modo de conhecer coisas novas. Mas também, ao contrário do ícone, o conhecimento do símbolo não implica o conhecimento da coisa representada tal como ela é. Para ambas as conclusões, a razão é uma só: o símbolo não tem ligações com a coisa significada, independe desta — o que faz com que, entre outras coisas, não seja efêmero.

O quadro acima esboçado, relativo ao conceito dos três tipos básicos de signo, é bastante geral e simplificado, como o será a exposição relativa aos três tipos de consciência por eles gerados. Mas deve bastar para os objetivos deste trabalho.

Aproximando-nos agora do ponto que nos in-

teressa — alienação/revelação na indústria cultural —, e como foi dito no parágrafo anterior, cada tipo de signo tem a propriedade de formar, na mente da pessoa que o recebe, um tipo específico de interpretante ou de consciência. É fato que, na realidade, dificilmente se pode constatar a ocorrência de um desses três tipos de signo em estado puro. Freqüentemente um ícone é também um índice, assim como um índice pode ser simbólico (por exemplo: o desenho de um homem colocado sobre uma porta indica a existência, ali, de um banheiro masculino; essa indicação, no entanto, é feita iconicamente, através do desenho do homem). Do mesmo modo, a consciência formada com a recepção de um signo não é "pura", não mantém apenas um conjunto de características mas, também, traz as características dos outros dois tipos de consciência. Mas, didaticamente, é possível dizer que:

a) À categoria do signo icônico corresponde uma categoria da consciência que se poderia dizer, igualmente, consciência icônica. É uma consciência que opera basicamente com o sentir e com o sentimento, não se interessando pelos procedimentos de análise, de dissecação do objeto sobre o qual se debruça. Não se preocupa em proceder a argumentações lógicas e, atuando através do pensamento analógico, do pensamento por semelhança, contenta-se com formar raciocínios não definitivos, não conclusivos. É a consciência da intuição, das sensações.

Ela pode ser motivada pela recepção de um signo icônico: a observação de uma pintura, a contemplação de uma foto que surge, para um dado receptor, como a representação de uma pessoa bela, cativante. Neste caso, o sujeito não está preocupado em tirar conclusões lógicas, não está preocupado com conteúdos; ele se entrega a seus sentimentos, intui coisas sobre o objeto significado, não forma nenhum juízo definitivo, nem está preocupado com isso. Isto não significa que esse sujeito formará idéias erradas sobre o objeto ou que ele não possa desse modo conhecer o objeto. Pelo contrário: esse modo de conhecimento, baseado na intuição e na empatia (isto é: não sentir o objeto, mas sentir *com* o objeto, penetrar no objeto e senti-lo por dentro), freqüentemente é aquele que leva às verdadeiras e significativas descobertas, embora não se possa demonstrá-lo. Grande parte das descobertas feitas pelo homem (senão todas), incluindo as científicas, deve-se à prática de uma consciência desse tipo, ou a uma prática que contém em ampla escala esse tipo de consciência.

O importante, no entanto, é saber que essa consciência não existe apenas como resultado da exposição da pessoa a um certo tipo de signo. O que se pretende dizer com consciência icônica é que se trata de uma consciência que procede com seu objeto, do mesmo modo como o signo icônico faz com seu objeto. Isto é: procede por analogia. Fornece à pessoa uma imagem do assunto, uma visão que não se baseia em nenhuma convenção, nenhuma conclusão lógica, mas num esquema tão próximo desse assunto como uma foto é próxima da pessoa retratada.

b) À categoria do signo indicial corresponde a consciência indicial. Contrariamente ao signo icônico, o signo indicial exige do sujeito algo mais que a simples contemplação. Uma seta que indica um certo caminho só funciona efetivamente como signo indicial para alguém interessado em descobrir esse caminho e que o descobre, locomovendo-se: ou o signo indicial *funciona* ou não será signo indicial. Isto implica que a pessoa que o recebe deve praticar um certo ato, deve despender alguma energia no processo de recepção desse signo. A recepção do signo indicial implica um certo *esforço*, físico ou mental. Esforço que se concretiza no ato de seguir na direção apontada ou de avaliar, mentalmente, a real possibilidade de chuva iminente.

Assim como a consciência icônica é, num certo sentido, contemplativa, a indicial é operativa. E se a consciência icônica não se preocupa em formar juízos conclusivos (ou não se preocupa em formar qualquer tipo de juízo), a indicial procura estabelecer algum tipo de juízo, embora não muito elaborado e ainda que não inteiramente conclusivo. É que, não sendo uma consciência de intuição, a indicial é uma consciência de *constatação*: o catavento me diz que *realmente* há vento e que o vento sopra *nesta* direção. Eu constato, não intuo. Se a consciência icônica pode me levar a descobertas absolutamente novas, a indicial só pode me revelar aquilo que já foi revelado pelo menos a outros, diminuindo o valor da revelação: a seta me mostra o caminho, mas esse caminho já foi conhecido, estabelecido por outros antes de mim.

c) À categoria do signo simbólico corresponde a da consciência simbólica: trata-se de uma consciência interessada na investigação do objeto em questão, uma consciência que produz as convenções, as normas, que pretende conhecer as causas. Não se contenta com sentir ou intuir uma coisa, nem em constatar que ela existe: quer saber *por que* existe. Se a icônica é analógica e intuitiva, enquanto a indicial é operativa, a consciência simbólica é lógica. É a consciência que se preocupa em formular as normas pelas quais a combinação entre *c, a, o* e ~ deve ser tomada como representação da coisa *cão.* É a consciência que transcende as sensações, a verificação daquilo que existe ou existiu, para descobrir o que deve vir a existir. Diante de uma nuvem escura a consciência indicial conclui que choverá; a simbólica quer saber *por que* vai chover e quando deve chover de novo.

Chegamos agora ao momento do relacionamento entre essas proposições da semiótica e os produtos da indústria cultural. Aqui, então, vai ser possível dizer que o problema com a indústria cultural não é tanto *o que* ela diz ou não; não é tanto o fato de ser ela deste ou daquele modo, estruturalmente; nem o fato de ter surgido neste ou naquele sistema político-social — mas, sim, no *modo* como diz. É que a indústria cultural — na TV, no rádio, na imprensa, na música (particularmente a dita popular), nos fascículos, mas também nas escolas e nas universidades — é o paraíso do signo indicial, da consciência indicial.

Como assim? Talvez a anedota de Joseph Ransdell possa traçar o quadro geral da situação: "Por favor, chefe, onde e quando este trem vai parar?" "Este trem não pára nunca. Você está no Expresso Indicial. Mas não é um barato viajar e ver todas essas coisas? Dê uma olhada, rápido, ainda há tempo pra ver a Torre Inclinada de Pisa, ali entre aqueles dois prédios. Não é — puxa, já passou — não é excitante?"

É isso. Toda a indústria cultural vem operando com signos indiciais e, assim, provocando a formação e o desenvolvimento de consciências indiciais. Isto é: tudo, signos e consciências e objetos, é efêmero, rápido, transitório; não há tempo para a intuição e o sentimento das coisas, nem para o exame lógico delas: a tônica consiste apenas em mostrar, indicar, constatar. Não há revelação, apenas constatação, e ainda assim uma constatação superficial — o que funciona como mola para a alienação. O que interessa não é sentir, intuir ou argumentar, propriedades da consciência icônica e simbólica; apenas, operar.

A capacidade de interpretar o mundo iconicamente, de distinguir o sentido *nas* coisas, vê-se cada vez mais diminuída. Do mesmo modo, a possibilidade de proceder a uma interpretação simbólica do mundo, de procurar suas causas e reuni-las em teorias coerentes, torna-se sempre, mais e mais, algo como um dom especial, reservado a um pequeno número, quase uma elite. O que prevalece é a tendência a ver apenas o significado indicial das coisas — e esse é o problema, na medida em que o índice nunca aponta diretamente para a coisa em si, mas sempre para algo que não é a própria coisa. No máximo, aponta para *qualidades indicativas* da coisa. No caso da poça de água, o índice aponta para uma qualidade indicativa da chuva: o estado líquido da matéria. E mais nada. O índice manda seu receptor sempre de uma coisa para outra, sem deter-se nem no objeto visado, nem em nada — não permitindo nem penetrar intuitivamente nele, nem conhecer logicamente suas causas e destinos. Nesse processo, as outras duas funções semióticas (funções de interpretação, de formação do significado), a icônica e simbólica, são reduzidas apenas à dimensão indicial quando deveriam, no mínimo, estar em pé de igualdade com esta.

E não é apenas no mundo da indústria cultural que prevalece esse processo. Na verdade, ele está na base de nosso procedimento de compreensão do mundo, particularmente tal como este procedimento foi formulado e delimitado pela visão tecnológica da sociedade — visão que se preocupa com o rendimento e a eficácia dos processos, com seu lado *operativo* apenas. Nesse momento, seria possível perguntar se a indústria cultural é uma resultante dessa tendência geral da sociedade, reproduzindo-a nos limites de seu campo, ou se é a indústria cultural que produz essa sociedade. É forte a tendência no sentido de dizer que a indústria cultural é manipulada com esse objetivo, e embora possa ser verdadeiro que a partir de um certo momento isso se verifique, será mais adequado dizer que a própria sociedade vai lentamente gerando seus instrumentos e suas tendências — entre eles, o esquema tecnológico de visão do mundo e sua correspondente, a consciência indicial — sem que haja um gênio do mal, uma vontade maior, maquiavélica, que decide sujeitar toda a humanidade através de um instrumento: a indústria cultural. Acreditar no contrário, nessa entidade malévola, é bem mais fácil e cômodo do que aceitar a idéia de que cada um de nós é responsável pela existência e desenvolvimento dessa consciência indicial.

Voltando à indústria cultural, deve-se observar, então, ser totalmente fora de propósito dizer que a indústria cultural é o universo do ícone; que, através da indústria cultural, estamos na era do ícone e da consciência icônica. Afirmações como essa foram possíveis graças a um entendimento um pouco simplista do que seja um ícone e do processo de manipulação de signos registrado nos veículos da indústria cultural. Entendia-se por ícone algo como uma "imagem semelhante", e como entre os grandes veículos deste tempo estão o cinema, a história em quadrinhos, os fascículos e sua profusão de imagens e, principalmente, a TV, concluiu-se apressadamente que estávamos na Era do Ícone e que isso era bom — uma vez que, como foi exposto, a consciência icônica é tal que permite a revelação, a prática do novo, de maneira talvez mais efetiva e em todo caso mais imediata do que a permitida pela consciência simbólica. Na verdade, o que temos nesses veículos da indústria cultural realmente são ícones, porém ícones sufocados numa operação indicial com os signos. Os ícones existem superficialmente, mas o modo pelo qual são dispostos é indicial, formando-se no indivíduo receptor uma consciência sob a forma de mosaico, composta por retalhos de coisas vistas rapidamente, numa tela onde se multiplicam e se sucedem imagens desconexas a impedir, para esse indivíduo, uma visão totalizante de si e de seu mundo, provocando, dessa forma, o processo de alienação.

Como se dá esse procedimento indicial num dos veículos da indústria cultural, como a TV? Basicamente, através da multiplicação não de informações mas de trechos de informações, apresentadas como que soltas no espaço, sem reais antecedentes (a não ser a eventual repetição anterior de informações análogas à em tela, mas que não são sua causa) e sem conseqüentes. E essas "informações" não revelam aquilo que lhes está por trás mas servem exatamente para ocultar o que representam; servem para interpor-se entre o receptor e o fato, e não para abreviar o caminho entre ambos. No máximo, dão do objeto algumas "qualidades indicativas", como já se disse, que eventualmente revelam alguma propriedade desse objeto, dando ao receptor a impressão de conhecê-lo através disso — quando na verdade essa propriedade é quase sempre acidental, superficial. E esse esquema se repete no rádio, no jornal, no filme de aventuras — mas também na escola e no cotidiano. Somente a criança de pouca idade, ainda não submetida maciçamente à ação da indústria cultural e da *sociedade em geral* (e, mesmo, da sociedade *anterior* à indústria cultural), consegue furtar-se a esse esquema. Ela é capaz de pensar iconicamente, sentindo ou intuindo o significado pleno das coisas sem se preocupar com fornecer-lhes razões "lógicas". E ela é também capaz de pensar simbolicamente ou, pelo menos, de tentá-lo seriamente: é o caso da criança que, perguntando "o que é roda?", e recebendo como resposta "uma coisa circular que os carros usam para andar", retruca perguntando "e o que é carro?" — e ouvindo que é "uma máquina que anda a gasolina", pergunta "e gasolina, o que é?" e assim por diante, de conceito em conceito, até esgotar a paciência do interlocutor. O que ela faz, na verdade, é pôr em prática o processo da semiose ilimitada, ou processo infinito de formação da significação em que um signo leva a outro, e um conceito a outro, sem fim previsível para a cadeia formada. Logo, porém, essa criança entrará no pelotão dos adultos que, em virtude da "educação" recebida, do conformismo, da lei do menor esforço, do sentimento injustificado de vergonha e de uma série de outros motivos, deixam de perguntar-se e perguntar aos outros sobre os antecedentes e conseqüentes de um conceito — ficando assim prontos para entrar no esquema indicial de que se serve, mas não só ela, a indústria cultural. Passam a contentar-se com "dados" que saem do nada e levam a parte alguma, e acomodam-se a esse universo vazio de significação em que se transformam suas vidas. Aparentemente, nada mais fácil e útil do que entender esses índices que são como pegadas humanas sobre a areia. À primeira vista, estas levariam de modo claro e direto à pessoa por elas responsável. Ocorre no entanto, em nossa sociedade, que a única coisa ao final vista são essas pegadas. Fica-se sem saber quem as fez, onde está quem as fez, por que foram feitas, e nem se o sentido da marcha dessa pessoa foi realmente daqui para lá ou se as pegadas foram feitas com a pessoa caminhando de costas. Permanecem apenas as pegadas, não permitindo nem que se descubra a areia onde aparecem, nem o cenário próximo. E o primeiro vento

que bater as apagará para sempre, sem delas ficar traço na memória.

Há possibilidades de modificar-se o processo? Aparentemente, sim. Nada indica que a indústria cultural, genericamente considerada, tenha uma natureza tal que exija necessariamente a prática indicial. Talvez num determinado veículo, mais que em outro, essa prática seja mais fácil; mas não será impossível adotar a prática icônica ou a simbólica, de modo a ter-se nessa prática um instrumento de libertação do homem. A respeito dessa possibilidade se voltará a falar na parte final deste trabalho.

Esta terceira visão do problema é a que parece ter mais condições de equacioná-lo adequadamente. Baseada numa rica e complexa teoria, que mal pôde ser esboçada aqui, ela evita os becos sem saída em que geralmente se colocam as abordagens apoiadas numa tendência sociologizante, com suas vazias frases de efeito que se repetem há décadas e os pantanais em que se atolam teorias pretensamente não ideológicas mas sim técnicas, como a de McLuhan.

No entanto, deve estar claro a esta altura que no quadro final de tratamento do assunto devem figurar elementos de todas as abordagens mencionadas (e de outras que aqui não couberam). Uma programação fascista de TV não pode contribuir para o alcance dos objetivos maiores do homem mesmo que seu procedimento seja o da consciência simbólica — e portanto é preciso preocupar-se com a questão do conteúdo. Por outro lado, nenhum programa libertário e positivo para o homem poderá ser executado exclusivamente a partir da consciência e dos signos indiciais — e, com isso, uma preocupação semiótica deve estar presente. O próprio debate sobre a organização política da sociedade é fundamental. O perigo, então, está na adoção de um ponto de vista unilateral sobre o assunto.

INDÚSTRIA CULTURAL NO BRASIL

Aspectos quantitativos

1) Há no Brasil cerca de 2.000 estações de rádio e 140 de TV. Do outro lado da antena, são 56 milhões de aparelhos receptores de rádio e 26 milhões de TV (15 milhões a cores). Teoricamente, a rede de rádio pode cobrir todos os habitantes do país, enquanto a TV alcança entre 60 e 80 milhões de pessoas. Todos estes dados (e os que se seguem) são de 1988. Em 1980, o número de estações de rádio era exatamente a metade e quase a metade era

também o das estações de TV. O número de aparelhos de rádio não dobrou (eram 37 milhões), mas o de receptores de TV, sim (eram 13 milhões). A duplicação das estações geradoras de rádio e TV poderia ser um bom sinal se as concessões não fossem feitas segundo critérios estreitos e enviesados que atendem antes a interesses individuais e de grupos de poder do que a interesses da coletividade.

2) São trinta os jornais significativos no país, com uma tiragem global aos domingos de 2.900.000 exemplares. "O Estado de S. Paulo" tira, nesse dia, cerca de 450 mil exemplares: a "Folha de S. Paulo", quase isso, enquanto o "Jornal do Brasil", do Rio, 300 mil exemplares. Enquanto isso, o "New York Times" tira uma média de 935 mil exemplares e o "Le Monde", da França (país com menos da metade dos habitantes do Brasil) roda 360 mil em média.

A revista semanal de informações com maior circulação é a "Veja", com 730 mil exemplares. "Istoé" roda 142 mil, enquanto "Tio Patinhas" fica com 270 mil e "Playboy", 320 mil. A quantidade de publicações mensais e semanais é hoje a mesma de dez anos atrás (cerca de mil). A tiragem de "Tio Patinhas" permaneceu a mesma, com uma tendência para baixo, enquanto que a de "Veja" mais do que dobrou. De seu lado, os jornais aumentaram sua circulação em não mais do que 20% em média.

3) Os anuários estatísticos sobre a indústria cultural não costumam incluir dados sobre a edição de livros — o que já diz muito sobre o papel desse meio na dinâmica cultural brasileira. Em 1940, a tiragem de um bom livro girava ao redor de 3 mil exemplares; hoje, um bom livro roda exatamente a mesma coisa, embora a população do país em geral, e a letrada em particular, tenha dado um salto talvez inimaginável há cinqüenta anos. Romances que hoje alcançam a margem de 30 mil exemplares são considerados enormes sucessos. Jorge Amado será, por enquanto, o único autor brasileiro que vendeu mais de um milhão de exemplares de suas obras, todas consideradas (marca alcançada ao final da década de 70). Em outras palavras, livro não conta neste país.

4) TVs, rádios e imprensa vivem de publicidade. Enquanto o jornal francês "Le Monde" se sustenta basicamente através da venda ao leitor, como uma editora de livros, os jornais brasileiros têm na publicidade mais de 80% de seu faturamento, enquanto TVs e rádios dela dependem em 100% — e boa parcela dessa publicidade, especialmente para os jornais, vem de órgãos dos governos municipais, estaduais e federal, o que revela de imediato a grande dependência desses veículos em relação a seus anunciantes "comerciais" ou "ideológicos". O quadro fica ainda mais carregado quando se sabe que pelo menos 40% das agências de publicidade, intermediárias entre os anunciantes e os

veículos, estão ligadas a grupos estrangeiros.

E a TV carrega quase 60% das verbas existentes, ficando 18% para os jornais, 15% para as revistas, 7% para as rádios. Embora o rádio cubra praticamente a totalidade da população brasileira, dos grandes veículos é o que menos recebe verbas de publicidade. A distorção se explica pela "qualidade" da audiência de TV e dos jornais e revistas (praticamente na mesma situação): as classes com poder aquisitivo vêem mais TV do que ouvem rádio, em número suficiente para compensar a enorme massa de economicamente inválidos que também assiste TV. E os jornais e revistas que mais apresentam publicidade (como o "Estado" e "Veja") são veículos para a classe média. Isto é o que se chama de "concentração da renda".

5) Cinema e teatro não estão em situação muito melhor que o livro, enquanto veículos de comunicação de massa. As salas de cinema no país são, neste ano, pouco mais de 1.300. São Paulo tem, só ela, 130 salas (há dez anos, eram 150). Se todos os lugares disponíveis nessas 130 salas fossem ocupados durante o tempo normal de uma sessão (duas horas) num domingo à tarde, o total seria equivalente a pouco mais da metade da lotação do estádio de futebol do Morumbi nesse mesmo domingo de um "grande jogo". E esse número, quando comparado com o que no mesmo horário está sendo registrado para as duas principais emissoras de TV, simplesmente desaparece. Mudando o ter-

mo de comparação: embora a Grande São Paulo seja maior que a Grande Paris, a capital francesa tem cerca de 300 salas de cinema.

O que se vê nas salas brasileiras? A presença do filme estrangeiro é maciça, quase sufocante. Mesmo assim, sobra espaço para o filme brasileiro e sobraria ainda mais se a política cultural deste país não fosse tão (propositalmente) cega em relação a nosso cinema. Em certos anos, o filme habitual dos Trapalhões consegue o título de campeão de bilheteria, embora não tenha sido esse o caso agora, quando o recordista foi "Stallone Cobra" (4.340.000 espectadores), ficando "Os Trapalhões e o rei do futebol", com 3.603.000, em segundo lugar. O terceiro lugar ficou outra vez para Silvester Stallone com "Rocky IV" (2.958.000 espectadores) mas o quarto lugar foi para "Eu sei que vou te amar", de Carlos Diegues (1.759.000).

Quanto ao teatro, a atenção que a pesquisa de "mídia" lhe dedica é quase a mesma atribuída ao livro: nenhuma. Em todo caso, São Paulo tem 59 salas de teatro (eram 30 há dez anos), embora nesse número estejam incluídos "espaços culturais" de bares, galpões, auditórios de hotéis e áreas de centros culturais (com uma capacidade aproximada de 15% da lotação do mesmo estádio do Morumbi). Em Paris, são 90 os teatros propriamente ditos: se forem incluídos os cafés-teatro e restaurantes que também oferecem espetáculos, o número sobe para qualquer coisa ao redor de 120.

Com esses números, não é raro ouvir-se que não se pode falar em indústria cultural, cultura de massa ou meios de comunicação de massa no Brasil porque uns e outros pressupõem a existência de uma sociedade onde existe consumo de massa, o que não haveria aqui. A divisão de renda é tal que apenas os bolsões situados no centro-sul do país podem pensar em consumir, e mesmo assim em termos relativamente modestos. De qualquer modo, deveria ser claro que, embora os grupos consumidores sejam em pequena proporção diante da população nacional e embora os produtos da indústria cultural sejam dirigidos diretamente a eles, sobre eles e a partir deles é gerada uma produção cultural que acaba por firmar-se e estender-se, embora não homogeneamente, a todos os demais grupos sociais não consumidores. E estes grupos acabam por consumir *simbolicamente* aqueles produtos dirigidos à pequena minoria.

Seja como for, esses meios de comunicação de massa acabam produzindo uma estrutura cultural que se torna impositivamente comum ao número dos atingidos por esses meios, razão pela qual é possível falar na existência de uma cultura de massa e de meios de comunicação de massa, ainda que nossa sociedade não seja uma sociedade de consumo de massa; a inexistência desta não impede a existência daqueles.

Por outro lado, como jornais, emissoras de rádio e TV e editoras de revista são totalmente dependentes das verbas de publicidade — e dada a desimportância numérica dos veículos independentes como teatro e livro — a indústria cultural no Brasil apresenta-se marcada pelos traços mais evidentes e grotescos do comercialismo em particular e do capitalismo em geral. Tudo o que possa prejudicar um consumismo acrítico não deve passar por esses veículos. Como norma, todas as preocupações culturais se guiam pela preocupação maior, que é *vender alguma coisa*. Para vender é necessário criar e manter o hábito de consumir. E para que este sobreviva é necessário embotar a capacidade crítica, em todos os seus domínios.

Os poucos veículos de massa subtraídos ao mercantilismo, como as emissoras de rádio e TV ditas "educativas", também se caracterizam pela inexistência de estímulos à atividade crítica. Ao contrário do que ocorre com emissoras de outros países controladas igualmente pelo governo (como as da França, Inglaterra e Itália), as emissoras "educativas" do Brasil não têm nenhuma liberdade de movimentação em relação ao governo que as suporta, e qualquer veleidade de estimular a reflexão crítica é sumariamente podada. Nesse sentido, essas emissoras, ao invés de serem um contraponto às emissoras comerciais, são um forte aliado destas, contribuindo para a descerebração geral.

Em virtude desse mesmo comercialismo, e da orientação geral da economia, a indústria cultural brasileira está bastante voltada para temas, assuntos e culturas estrangeiras, particularmente a norte-americana. No rádio, são as músicas estrangeiras; na TV, os "enlatados" e, na imprensa escrita, as notícias sobre o exterior — embora sobre este tópico haja algo de positivo a levantar.

Em relação ao noticiário, os veículos nacionais são de fato alimentados por agências noticiosas estrangeiras (a maioria, norte-americanas), naturalmente interessadas em divulgar os pontos de vista políticos e sociais de seus respectivos países. Isso provoca inúmeras distorções. Entre outras, um espaço até certo ponto demasiado grande para as notícias do exterior, fazendo, segundo alguns, com que o brasileiro viva preocupações relativas a certas realidades que não são as suas e sobre as quais não tem nenhuma influência.

Mas não se pode endossar na totalidade essa crítica, fruto de uma visão parcial. O outro lado dessa moeda é que o leitor brasileiro (se não o telespectador e o rádio-ouvinte brasileiros), e apesar de toda a distorção ideológica constatável em todas as agências noticiosas e nos grandes veículos da imprensa nacional, tem condições de informar-se mais sobre a situação mundial do que a maior parte de seus equivalentes em vários outros países. (E isto sem deixar de informar-se, na medida do permitido, sobre a realidade próxima). De fato, mesmo os maiores jornais norte-americanos e europeus dedicam pouquíssima atenção aos assuntos de regiões que não sejam as suas próprias e mais uma ou outra tradicionalmente consideradas importantes. O fato de países como o Brasil sentirem-se (e realmente estarem) na periferia do palco central leva, num esforço de superação da situação, a essas tentativas de abarcar o maior número possível de informações. Está claro que é enorme a distância entre *saber* e *decidir* ; porém, mesmo que as decisões continuem sendo tomadas lá fora, não é desprezível esse contato com as informações do exterior.

Por outro lado, é verdade que esse contato só é permitido a uma minoria leitora de jornais. O espaço dedicado à informação no rádio e na TV não apenas é pequeno como, principalmente, é manipulado *indicialmente*. E, nesta situação, a informação tem pouco ou nenhum valor de revelação, servindo antes para desviar a atenção de outros assuntos e para fazer as vezes de simples propaganda ideológica.

Se na indústria cultural brasileira a presença de temas de culturas estrangeiras é grande — com todos os reflexos negativos sobre a produção mais propriamente brasileira — não é adequado assumir uma posição de recusa total diante dessa presença. Há muita coisa a ganhar através do contato com as culturas estrangeiras, tanto em termos estritamente culturais quanto ideológicos. Considere-

se, por exemplo, qualquer desses filmes policiais, medíocres, que nossa TV importa dos EUA. Um em que, após uma série de violências legais e extralegais, os "bandidos" sejam presos ao mesmo tempo em que o policial lhes lê seus direitos. Um filme como esse tem duas leituras. Uma conclui que a enunciação desses direitos é mera máscara a querer disfarçar o menosprezo pela justiça e pela lei manifestado pelos policiais durante todo o filme. A outra ressalta como esse filme pode inculcar na cabeça de milhões de brasileiros, para os quais os detidos nunca tiveram direito algum, a idéia de que esses direitos existem e que certos aspectos aparentemente formais, como a existência de mandados de prisão legalmente assinados por um juiz, são fundamentais para a sociedade civil. Essa preocupação pode nem estar presente para os produtores originais do filme; afinal, embora os EUA talvez sejam o país mais livre do mundo, como se pretende, está mais do que clara sua despreocupação com o fato de existir ou não essa liberdade nas outras regiões. Mas, traços como esse acabam aparecendo e exercendo uma influência positiva sobre outras culturas. Tanto mais quanto o país receptor, como o Brasil, for um país carente de legalidade, de democracia, de uma visão mais livre sobre hábitos e costumes. O movimento feminista, por exemplo, foi no Brasil um movimento importado via veículos da indústria cultural de outros países: não será por isso que se dirá que é um mal.

Pode-se discutir se seu desenvolvimento aqui é adequado a nossas condições ou se se trata de simples transposição de uma situação estrangeira; mas não se pode dizer que seu aparecimento seja nocivo.

A dialética *nacional X estrangeiro* não deve e não pode ser evitada hoje. O único problema é que deve ser realmente uma dialética — um jogo entre opostos onde ambos são anulados na direção de um terceiro, novo — e não o predomínio de um sobre o outro.

Traços qualitativos

Regra geral, tudo o que foi dito nos capítulos anteriores sobre a indústria cultural, suas relações com a cultura superior e a popular, suas relações com o sistema onde aparece, seus modos possíveis de apresentar a mensagem, permanece válido quando se fala na indústria cultural no Brasil. Há aqui, porém, alguns traços específicos que merecem ser destacados.

Um deles é o relativo à homogeneização da cultura através da indústria cultural. Diz-se que uma das primeiras conseqüências da indústria cultural é formar uma cultura homogênea, materializada numa cultura de massa de onde estão ausentes os traços diferenciadores da cultura superior e da cultura popular. No Brasil, porém, a cultura formada pela indústria cultural está longe de ser homogênea. Como já foi dito, as desigualdades gritantes na divisão da renda nacional impedem que se fale na existência, no Brasil, de uma sociedade de consumo; há bolsões de consumo, em certas regiões, ao lado de grupos voltados para o subconsumo e de outros entregues ao desespero da simples sobrevivência. Assim, mesmo que a indústria cultural *tenda* a veicular uma cultura só para toda a sua audiência, a disparidade entre os receptores é tamanha que essa cultura, *embora tendendo para a uniformidade,* não pode deixar de apresentar vertentes diversas. A indústria cultural apresenta aqui, assim, fatias mais populares, ou popularescas, e fatias mais eruditas, ou "erudicizantes". De um lado, na TV, são programas de auditório como os do "Homem do Sapato Branco", Bolinha, Raul Gil, Sílvio Santos; do outro, os concertos musicais, espetáculos de balé e os programas de entrevistas ou debates.

A heterogeneidade da indústria cultural no Brasil explica um outro traço específico seu, que é a permanência do grotesco. Diz-se que uma conseqüência da indústria cultural é o fato de ela tender para a eliminação do grotesco das manifestações culturais na medida em que aspira às formas ditas superiores. E embora, ao contrário do que se costuma acreditar, em países como a Inglaterra e a França subsistam vários programas análogos aos dos Tra-

palhões e do Sílvio Santos, é fato que a presença do grotesco na indústria cultural do Brasil é particularmente marcada. É que, como diz Luis Augusto Milanesi, em *O Paraíso via Embratel*, entre nós a indústria cultural instalou-se não propriamente eliminando a cultura popular mas sobrepondo-se a ela, permeando-a — e a cultura popular, no Brasil (mas não só aqui) é freqüentemente tecida sobre o grotesco, o chulo, o "cafajéstico". Observando a reação de repúdio do público brasileiro diante do filme nacional (do qual se dizia, e se diz, que era exatamente "grotesco" e "cafajeste"), Paulo Emílio Salles Gomes avançava tranqüilamente a hipótese de que esse público na verdade estava manifestando uma reação de defesa contra o grotesco e o cafajeste nele mesmo presentes. Nesse caso, e como o grotesco está presente por toda parte em nossa indústria cultural, deve-se concluir que toda a força dessa indústria e da cultura por ela importada não foi suficiente para esmagar, como a teoria permitia prever, um traço estrutural da cultura brasileira — seja o que esta for.

A permanência do grotesco nessa indústria que se desenvolve no Brasil a partir da década de 1930 e, mais propriamente, após a Segunda Guerra Mundial (período em que o país entra numa fase de desenvolvimento, com a industrialização acelerada da nação ao lado da ampliação dos quadros da classe média) deriva também de um outro traço específico da indústria cultural no Brasil: a inexistência de um conflito, propriamente dito, entre a cultura superior e a cultura de massa. A cultura superior nunca foi, de fato, uma entidade sólida no país; sua produção e consumo sempre foram insignificantes e sua importação dos grandes centros produtores sofre sempre dos percalços inerentes a toda importação: o produto sempre perde com a viagem e quase sempre chega deteriorado. Como diz Milanesi, a etapa da cultura letrada, superior, foi queimada. Não havendo aquele conflito, a cultura de massa desenvolve-se num terreno ganho sobretudo graças à cultura popular, sem que esta seja eliminada. E o resultado é uma forma cultural que, sem mais ser a popular, dela ainda depende em larga medida. Donde a manutenção de algumas das linhas estruturais dessa cultura popular, entre outras a do grotesco. Surge assim uma cultura de massa heterogênea e firmada em ampla medida na estilização de formas e conteúdos da cultura popular.

Milanesi nota ainda que "passa-se de uma cultura oral (...) para uma cultura onde prevalece a imagem, saltando sobre uma cultura letrada. No Brasil, uma etapa foi queimada e as possibilidades de retorno são mínimas".

Na verdade, além de mínimas, essas possibilidades podem ser indesejáveis ou inúteis. É que nada certifica ser esta cultura letrada uma maneira privilegiada de se chegar à *revelação,* ao *saber* e ao *saber fazer* aquilo capaz de contribuir para o processo de liberação do homem. Como já foi dito, o crucial não é tanto *o que* se diz, nem a maneira técnica de dizê-lo (se através de imagens ou de palavras impressas), mas o modo de dizer e o modo da consciência ativado por esse dizer. A cultura da imagem pode perfeitamente desempenhar as funções da antiga cultura letrada desde que funcione iconicamente e simbolicamente, além de indicialmente.

Um último traço da indústria cultural brasileira a ser aqui destacado é o relativo à sua permeação por elementos de culturas estrangeiras e o conseqüente descaso com os temas do nosso cotidiano. Em relação a este último ponto, diz-se por exemplo que a indústria cultural brasileira é, basicamente, a indústria do divertimento, da distração, e não da reflexão sobre o que acontece na vida diária. Passando por cima do fato de que seria de todo insuportável uma produção cultural que reproduzisse, o tempo todo, todos os problemas com que o homem se defronta em sua vida comum, deve-se observar que a indústria cultural no Brasil não está tão distante assim dos temas do dia-a-dia e que ela se apresenta mesmo, guardadas as proporções, como instrumento de combate contra aquela parte dela mesma voltada para a cultura estrangeira. Por mais primários que possam ser, programas como os das novelas têm tudo para atrair grandes parcelas da população e afastá-las dos produtos estrangeiros.

É muito mais interessante saber se Renata vai ficar com Paulo ou com João, e se seu ex-marido vai ou não conseguir tirar-lhe a tutela da filha do que acompanhar as aventuras de um John Wayne num distante Vietnã. A novela da TV (mas não só ela: o programa do Chacrinha também, e ainda as transmissões esportivas, entre outras) traz, sim, os elementos da vida comum. Pode fazê-lo de modo alienado e alienante — e é isto que cabe resolver. Mas importa notar que mesmo uma indústria cultural "colonizada", como se diz, acaba por vincular-se à realidade cultural do país. E isto não por idealismo mas porque ela *precisa vender seus produtos* e, para tanto, precisa usar como chamariz algo que chegue mais perto das pessoas. E o grau de alienação com que o faz é bastante variável. Nem sempre é um grau elevado (programas como *Carga Pesada, Malu Mulher* e o *Bem-Amado* demonstram isso) e nem sempre esse poder alienador é tão forte. Um erro esquerdista, muito comum e muito grosseiro e que se afasta amplamente de uma análise *de esquerda* efetivamente aguda e pertinente, é o que consiste em atribuir aos instrumentos do capitalismo um poder maior que o por ele realmente ostentado. No caso, o erro consiste em acreditar que a TV, entre outros veículos da indústria cultural, aliena sempre e completamente, o tempo todo, todas as pessoas. No Brasil, em virtude da censura e da autocensura, por ação ou omissão, o mais poderoso dos veículos, que é

a TV, desde 1964 endossou, defendeu ou não criticou as teses do grupo no poder e de seu partido (ou "partido"). Isso não foi suficiente, no entanto, para impedir duas grandes vitórias do partido de oposição (ou, simplesmente, duas grandes derrotas do partido do governo) nas eleições gerais de 1974 e 1978. O que demonstra amplamente que pelo menos alguns dos pés do mito *TV/indústria cultural/alienação* são de um barro bem brasileiro.

Voltando atrás: foi dito que a indústria cultural brasileira pode apresentar até mesmo alguns elementos da vida e da cultura nacionais capazes de enfrentar, com vantagens, produtos culturais importados. Deve-se dizer agora que não é possível desconhecer a existência dessa cultura estrangeira nessa indústria e seu poder de dissolver elementos da cultura nacional. Milanesi observa que em Ibitinga as cantigas de roda sobrevivem porque são ensinadas nas escolas, uma vez que da vida comum foram eliminadas pelas propostas da TV divulgadoras de uma espécie de "folclore mundial". Embora Milanesi não seja propriamente um "apocalíptico" da indústria cultural, não deixa de ficar patente em seu texto um certo pessimismo diante dessa situação e uma certa condenação de todo esse processo. Cabe observar, no entanto, e primeiro, que o fenômeno da universalização da cultura foi um fato previsto e acatado no século XIX por uma pessoa em princípio acima de quaisquer suspeitas de cumplicidade com os ideais do capitalismo: Karl Marx. E, segundo, que tudo parece indicar o caminho da internacionalização de Estados, economias e culturas como uma das poucas (senão a única) saídas salvadoras para a humanidade, se é que ainda há tempo para isso. E não se consegue ver muito bem como o internacionalismo, inimigo mortal dessa eterna fera louca que é o nacionalismo, poderá efetivamente implantar-se se não for acompanhado por uma internacionalização da cultura, desde suas formas folclóricas até suas manifestações eruditas. A esta altura, fenômenos como o de Carlitos, Tarzan, Pato Donald (mas também Pelé, por exemplo) fazem parte de uma cultura universal que tende a impor-se, em virtude do aparato tecnológico que os sustenta, sobre eventuais equivalentes nacionais. A mundialização da cultura surge assim como sendo a mensagem, o conteúdo do desenvolvimento tecnológico. E a menos que estejamos dispostos a pagar o preço de uma talvez impossível regressão tecnológica (e esse preço seria bem alto, possivelmente indesejável), o processo de mundialização da cultura tende a acentuar-se. A única dificuldade a contornar, e não é pequena, é a relativa à massificação das nações, equivalente à dos indivíduos. Uma coisa é a mundialização massificante e outra a mundialização realizada em termos dialéticos, através do jogo construtivo dos vários elementos culturais das variadas nações. Ou esta internacionalização crítica se verifica, ou não haverá sentido nesse processo de integração das culturas.

O objetivo maior destas últimas observações é destacar que o campo coberto pelo rótulo "indústria cultural" é receptivo à tomada de posições dogmáticas montadas sobre juízos de valor sobre o que é bom ou não para o indivíduo e o grupo social. E destacar também que, apesar disso e por causa disso, é necessário estar sempre procurando proceder a uma análise viva, dialética, dos aspectos em jogo sob pena de, caso contrário, desperdiçarem-se instrumentos de revelação do mundo para o homem.

PERSPECTIVAS DIANTE DA INDÚSTRIA CULTURAL

Este livro foi publicado originalmente em 1980. Para esta nova edição fiz uma revisão geral do texto, procurando dar maior clareza a algumas passagens e atualizar dados ou informações. Escrevendo agora, nove anos depois, percebo que, embora muitos aspectos da indústria cultural tenham sofrido transformações, o que aqui foi dito sobre o tema permanece válido. Isto talvez se deva ao fato de que, apesar das inovações técnicas introduzidas, o conteúdo e o modo de operação dos veículos da indústria cultural permaneceram os mesmos. A grande modificação foi a TV por satélite, cujos sinais eletrônicos despencam do céu sobre tudo e todos sem que, a rigor, nada se possa fazer para impedir sua circulação. Basta que se tenha a antena parabólica adequada, hoje já convenientemente pequena, para conectar-se à onda eletrônica — se existe realmente o desejo de fazê-lo. É uma alteração importante, que passa por cima de fronteiras físicas e ideológicas e dá forte impulso na direção de aldeia global de que se falava premonitoriamente nos anos 60.

Mas se o que aqui foi dito há nove anos continua válido é porque a inovação técnica não se fez acompanhar por alterações sensíveis do lado do conteúdo dessa nova modalidade da indústria cultural ou do modo pelo qual produz significados. Os mesmos programas de entretenimento banal e limitado que criticamos na TV brasileira podem ser vistos com a mesma qualidade (ou falta de) na TV francesa por satélite ou na TV inglesa *idem* ou na TV americana *ibidem*. E coisa semelhante se pode dizer dos noticiários, sempre fragmentados, sempre fragmentantes, sempre trabalhando indicialmente e nunca icônica ou simbolicamente.

O que fazer? O impasse continua: reforma ou revolução? Sem uma alteração radical das condições de existência não será possível colocar esses veículos trabalhando a favor do homem, é o que se diz de um lado. De outro, adverte-se que não é possível nada fazer enquanto se espera a Grande Revolução — que tarda. E tarda. Levando isto em consideração, a pergunta que deve ser feita desde logo, independentemente de qualquer transformação visceral da sociedade, é: como preparar as pessoas para entrar em contato com os fenômenos da indústria cultural e deles extrair o melhor? É essa preparação que tem sido impedida pelo atual estádio do capitalismo de organização, marcado pela diminuição constante da função ativa dos executantes e pela intervenção cada vez maior do Estado na vida privada dos cidadãos. Essa situação acarreta a passividade dos indivíduos na recepção e assimilação da produção cultural, o que, desorganizando-os, acarreta sua desculturalização — constatável nas atuais culturas de massas, num processo no entanto não onipotente, como se viu.

O indivíduo e o desenvolvimento da personalidade viram-se marginalizados no processo de desenvolvimento do capitalismo — produtor, acima de tudo, da reificação e alienação das pessoas. Nesse caso, a saída está na criação de condições para que o indivíduo (e o pequeno grupo de que participa) desenvolva sua personalidade e tenha condições de constituir um coletivo que não o esmague.

A saída está na organização ou reorganização da vida privada e não na alienação dessa vida na massa ou no coletivo. Não se trata, por certo, de um retorno à ideologia do capitalismo liberal, que criava uma visão individualista do mundo mas era, na prática, contra o indivíduo; mas, sim, de uma proposta passível de criar as condições de existência de uma consciência individual realmente autônoma, capaz de gerar, por sua vez, essa entidade (agora, sim, coletiva) básica numa sociedade de indústria cultural, de meios de comunicação de massa, que é a *opinião pública*. Sem essa passagem pelo desenvolvimento do indivíduo, toda opinião pública não passa de falsa opinião de massa, formada e dirigida em algum lugar situado fora dela, quer este lugar seja o das multinacionais capitalistas, quer o do Estado onipresente dito socialista.

Esta é uma proposta que somente pode ser efetiva se, preliminarmente, ocorrer uma ampla mudança na sociedade, particularmente uma revolução político-social? Não necessariamente. Como observa Lucien Goldmann, a estratégia para a consecução desses objetivos não pode deixar de incluir a ação política, uma vez que a simples interferência através da ação cultural acaba levando ao tédio produtores e receptores. A violência intelectual e a redução do campo da consciência excedentária (aquela que, segundo Rudolf Bahro, dissidente da Alemanha Oriental, é a responsável pela formação do pensamento crítico, graças à libertação em relação ao encargo brutalizante do trabalho) só podem efetivamente ser combatidas se também o campo político for acionado corretamente.

Mas enquanto essa ampla reforma ou revolução não vem, não se justifica cruzar os braços. Lucien Goldmann destaca que a sociedade tecnocrática não pode e não quer imbecilizar completamente os indivíduos, por maior que seja o número dos diplomados analfabetos. Essa sociedade só existe enquanto houver a promoção de um saber, de algum saber; ela tem portanto brechas, e essas brechas têm de ser aproveitadas.

E já tivemos exemplos dessas possibilidades de utilização dos meios de comunicação num sentido favorável ao homem — embora nesses casos deixem de ser "de massa" para tornarem-se meios de indivíduos e grupos organizados. Foi o caso das "antenas selvagens" na Inglaterra e especialmente na Itália e na França. Nesses países, o Estado detém o monopólio das emissões de rádio e TV. Que fizeram os indivíduos organizados em grupo? Na França, em Paris, começaram a pulular, em cada bairro, minúsculas emissoras de rádio e TV capazes de alcançar apenas alguns poucos quarteirões. Os suficientes, porém, para mobilizar a população e atemorizar os governos. É que, transformando todos em produtores dos programas, eram levados ao ar os problemas reais da comunidade, com participação de todos e num processo capaz de despertar um interesse passível de competir com os programas das grandes cadeias globais. E não apenas programas com problemas, mas também programas de criação cultural, com música, poesia, entretenimento. Também os partidos políticos começaram a montar suas rádios, como o Partido Socialista de François Miterrand, à época na oposição, apesar da repressão física do governo.

Na Itália, além das pequenas rádios e emissoras de TV de natureza política (que levaram pânico entre os governos municipais, na medida em que divulgam pelo ar os pequenos e grandes escândalos em que sempre estão metidos os políticos italianos) começaram a aparecer também pequenas emissoras de TV de natureza comercial, aceitando publicidade. E começou-se a abrir espaço para a projeção de filmes proibidos na TV estatal, shows eróticos ou pornográficos. Os efeitos de "abertura" no campo dos costumes, além da ação política promovida pelas emissoras "ideológicas", fizeram-se sentir: a antes austera RAI (Rádio e Televisão estatal), que cortava dos *scripts* palavras como *penne* (canetas) porque podiam soar como *pene* (pênis), começou a levar ao ar cenas de nus parciais mais ou menos ousados (embora "somente quando justificados pela história").

Nos EUA, são já várias as emissoras de TV por cabo, geridas integralmente por pequenos grupos comunitários e para atender a interesses também circunscritos, em termos numéricos. Emissoras da mais variada natureza e finalidade (desde as que exploram apenas a projeção de filmes de cinema até as sustentadas por grupos políticos ou ativistas de variado calibre), mas todas com um mesmo objetivo: competir com a programação comercial, de massa, das grandes cadeias.

No Brasil é que a situação não mudou muito de 1980 para hoje. Não tínhamos, como não temos, nem as antenas selvagens nem uma multiplicação dos meios de produção cultural "massiva". Algumas tentativas esporádicas de estabelecimento de antenas selvagens foram logo reprimidas e ao sistema político-comercial ainda não interessou a autorização da proliferação das TVs por cabo ou através de decodificadores. Haverá aí uma razão de ordem ideológica (medo da liberdade de informação e de produção cultural) e outra de ordem comercial (não menos ideológica: medo da concorrência). Ainda precisamos de uma reforma agrária do ar.

Enquanto ela não vem, o caminho é continuar procurando os meios de pôr em prática uma ação cultural e uma ação política capazes de tornar as pessoas mais aptas a aproveitar a exposição forçada aos meios de comunicação de massa e a influir decisivamente no debate sobre a produção e o uso desses meios, de modo a evitar a consolidação da "sociedade sem oposição" descrita por Marcuse, aquela sociedade cuja reflexão crítica foi paralisada.

Tanto quanto não houve inovações técnicas notáveis na indústria cultural brasileira, não houve tampouco alterações sensíveis (para melhor) no seu conteúdo, na sua proposta, no seu modo de significar. Até meados dos anos 60, a norma, pelo menos nos meios intelectuais, foi rejeitar amplamente a indústria cultural. A partir do final da década de 60, e sobretudo nos anos 70, a moda intelectual, pelo contrário, foi glorificar a indústria cultural

e seu arauto máximo, a TV, como forma privilegiada da cultura dos novos tempos. Se a crítica inicial foi exagerada, a adesão do segundo momento não deixou de ter lances ridículos. Tudo o que aconteceu ao longo da década de 80 demonstrou a impropriedade dessa laudação entusiasmada. Não estamos hoje, nessa indústria, nem melhores nem piores do que estávamos há dez anos; como em vários outros aspectos da vida nacional, estamos na mesma. Se num ano temos uma série brasileira com conotações estéticas e políticas interessantes, no outro o retrocesso é acentuado. O espaço que se abre para a cultura brasileira aqui é fechado ali com o (eterno) privilégio às produções estrangeiras (como acontece com a utilização do cinema brasileiro pela TV). Por outro lado, nossos jornais se infantilizam ou adolescentizam ao mesmo tempo em que tentam transformar-se em almanaques (falhos) de serviços enquanto as editoras continuam, regra geral, abertas ao produto estrangeiro e fechadas àquilo que é feito aqui. Damos um passo para a frente e, dependendo do momento, um ou dois para trás. Temos uma lei de incentivo à produção cultural mas o cinema brasileiro está, neste ano de 1989, quase parado.

Em todo caso, como observa Ernst Bloch, os que não acreditam na possibilidade de um *happy end* acabam por entravar o processo de transformação do mundo tanto quanto os mistificadores que propagam a idéia de uma grande apoteose final inevitavelmente feliz. Encontrar o caminho e o passo certo nesse fio da navalha é tarefa tão árdua quanto, parece, necessária.

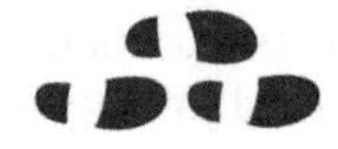

INDICAÇÕES DE LEITURA

1. Textos clássicos sobre a indústria cultural e a cultura de massas são "A indústria cultural: o Iluminismo como mistificação de massa", de T. W. Adorno e M. Horkheimer é "A obra de arte na época de sua reprodutibilidade técnica", de Walter Benjamin. Estes textos foram publicados em *Teoria da cultura de massa* (org. L.C. Lima), RJ, Paz e Terra, 1978.

2. Uma segunda onda de estudos sobre o tema incluem *Mitologias,* de Roland Barthes (SP, Difel) e *Apocalípticos e integrados,* de Umberto Eco (SP, Perspectiva) além de *Os meios de comunicação como extensões do homem,* de Marshall McLuhan (SP, Cultrix, 1969).

3. Sobre a situação brasileira, ler sobretudo *O paraíso via Embratel*, história das mudanças numa cidade do interior paulista sob o impacto da TV (de Luiz Milanesi; Paz e Terra, 1978) e *A noite da madrinha*, de Sergio Miceli (um ensaio sobre um programa de TV de Hebe Camargo; SP, Perspectiva, 1972).

4. Em relação ao pano de fundo da sociedade industrial contemporânea podem ser lidos os dois textos de Herbert Marcuse, *Eros e civilização* e *Ideologia da sociedade industrial* (RJ, Zahar, 1967).

Sobre o autor

Teixeira Coelho é professor da Escola de Comunicações e Artes da Universidade de São Paulo. Colaborador de periódicos variados, publicou também, entre outros, *Arte e Utopia*; *O que é Utopia*; *Artaud: Posição da carne*; *O que é Ação Cultural* (pela Ed. Brasiliense); *A construção do sentido na arquitetura*; *Informação, semiótica, comunicação* (pela Ed. Perspectiva); *Uma outra cena* (tendências contemporâneas do teatro), Ed. Polis; *O sonho de Havana*, Ed. Max Limonad; *Moderno Pós Moderno*, Ed. L&PM; *Usos da cultura*, Ed. Paz e Terra.

Coleção Primeiros Passos
Uma Enciclopédia Crítica

ABORTO
AÇÃO CULTURAL
ACUPUNTURA
ADMINISTRAÇÃO
ADOLESCÊNCIA
AGRICULTURA SUSTENTÁVEL
AIDS
AIDS – 2ª VISÃO
ALCOOLISMO
ALIENAÇÃO
ALQUIMIA
ANARQUISMO
ANGÚSTIA
APARTAÇÃO
APOCALIPSE
ARQUITETURA
ARTE
ASSENTAMENTOS RURAIS
ASSESSORIA DE IMPRENSA
ASTROLOGIA
ASTRONOMIA
ATOR
AUTONOMIA OPERÁRIA
AVENTURA
BARALHO
BELEZA
BENZEÇÃO
BIBLIOTECA
BIOÉTICA
BOLSA DE VALORES
BRINQUEDO
BUDISMO
BUROCRACIA
CAPITAL
CAPITAL INTERNACIONAL
CAPITALISMO
CETICISMO
CIDADANIA
CIDADE
CIÊNCIAS COGNITIVAS
CINEMA
COMPUTADOR
COMUNICAÇÃO
COMUNICAÇÃO EMPRESARIAL
COMUNICAÇÃO RURAL
COMUNDADE ECLESIAL DE BASE
COMUNIDADES ALTERNATIVAS
CONSTITUINTE
CONTO
CONTRACEPÇÃO
CONTRACULTURA
COOPERATIVISMO
CORPO
CORPOLATRIA
CRIANÇA
CRIME
CULTURA
CULTURA POPULAR
DARWINISMO
DEFESA DO CONSUMIDOR
DEFICIÊNCIA
DEMOCRACIA
DEPRESSÃO
DEPUTADO
DESIGN
DESOBEDIÊNCIA CIVIL
DIALÉTICA
DIPLOMACIA
DIREITO
DIREITO AUTORAL
DIREITOS DA PESSOA
DIREITOS HUMANOS
DIREITOS HUMANOS DA MULHER
DOCUMENTAÇÃO
DRAMATURGIA
ECOLOGIA
EDITORA
EDUCAÇÃO
EDUCAÇÃO AMBIENTAL
EDUCAÇÃO FÍSICA
EDUCACIONISMO
EMPREGOS E SALÁRIOS
EMPRESA
ENERGIA NUCLEAR
ENFERMAGEM
ENGENHARIA FLORESTAL
ENOLOGIA
ESCOLHA PROFISSIONAL
ESCRITA FEMININA
ESPERANTO
ESPIRITISMO
ESPIRITISMO 2ª VISÃO
ESPORTE
ESTATÍSTICA
ESTRUTURA SINDICAL
ÉTICA
ÉTICA EM PESQUISA

Coleção Primeiros Passos
Uma Enciclopédia Crítica

Coleção Primeiros Passos
Uma Enciclopédia Crítica

PARLAMENTARISMO
PARLAMENTARISMO MONÁRQUICO
PARTICIPAÇÃO
PARTICIPAÇÃO POLÍTICA
PATRIMÔNIO CULTURAL IMATERIAL
PATRIMÔNIO HISTÓRICO
PEDAGOGIA
PENA DE MORTE
PÊNIS
PERIFERIA URBANA
PESSOAS DEFICIENTES
PODER
PODER LEGISLATIVO
PODER LOCAL
POLÍTICA
POLÍTICA CULTURAL
POLÍTICA EDUCACIONAL
POLÍTICA NUCLEAR
POLÍTICA SOCIAL
POLUIÇÃO QUÍMICA
PORNOGRAFIA
PÓS-MODERNO
POSITIVISMO
PRAGMATISMO
PREVENÇÃO DE DROGAS
PROGRAMAÇÃO
PROPAGANDA IDEOLÓGICA
PSICANÁLISE 2ª VISÃO
PSICODRAMA
PSICOLOGIA
PSICOLOGIA COMUNITÁRIA
PSICOLOGIA SOCIAL
PSICOTERAPIA
PSICOTERAPIA DE FAMÍLIA
PSIQUIATRIA ALTERNATIVA
PSIQUIATRIA FORENSE
PUNK
QUESTÃO AGRÁRIA
QUESTÃO DA DÍVIDA EXTERNA
QUÍMICA
RACISMO
RÁDIO EM ONDAS CURTAS
RADIOATIVIDADE
REALIDADE
RECESSÃO
RECURSOS HUMANOS
REFORMA AGRÁRIA
RELAÇÕES INTERNACIONAIS
REMÉDIO
RETÓRICA
REVOLUÇÃO
ROBÓTICA
ROCK
ROMANCE POLICIAL
SEGURANÇA DO TRABALHO
SEMIÓTICA
SERVIÇO SOCIAL
SINDICALISMO
SOCIOBIOLOGIA
SOCIOLOGIA
SOCIOLOGIA DO ESPORTE
STRESS
SUBDESENVOLVIMENTO
SUICÍDIO
SUPERSTIÇÃO
TABU
TARÔ
TAYLORISMO
TEATRO
TEATRO INFANTIL
TEATRO NÔ
TECNOLOGIA
TELENOVELA
TEORIA
TOXICOMANIA
TRABALHO
TRADUÇÃO
TRÂNSITO
TRANSPORTE URBANO
TRANSEXUALIDADE
TROTSKISMO
UMBANDA
UNIVERSIDADE
URBANISMO
UTOPIA
VELHICE
VEREADOR
VÍDEO
VIOLÊNCIA
VIOLÊNCIA CONTRA A MULHER
VIOLÊNCIA URBANA
XADREZ
ZEN
ZOOLOGIA